2025년도 제75회 한국사능력검정시험 문제지

※ 제75회 저격 한국사능력검정시험은 제75회 한능검의 예상 난이도, 예상 출제 유형에 꼭 맞는 기출문제를 일부 변형하여 구성하였습니다.
※ 제75회 저격 모의고사는 제75회 저격 키워드 50과 완벽 연계됩니다.(저격 키워드 1번은 저격 모의고사 1번의 핵심 키워드!)

> 시험 시작 전 문제지를 넘기면 부정행위로 간주됩니다.

○ 자신이 선택한 종류의 문제지인지 확인하십시오.

○ 답안지에 성명과 수험번호를 쓰고, 수험번호와 답은 컴퓨터용 사인펜으로 표시란에 정확히 표시하십시오.

○ 시험 시간은 10시 20분부터 11시 40분까지 80분입니다.

※ 응시자 유의사항을 수험표에서 다시 한 번 확인하시기 바랍니다.

심화 2025년도 제75회 저격 한국사능력검정시험 문제지

1. 밑줄 그은 '이 시대'의 생활 모습으로 옳은 것은? [1점]

충청북도 청주시 오송읍에서 주먹도끼, 찍개 등 이 시대의 대표적 유물인 뗀석기가 다수 발굴되었습니다. 이번 발굴로 청주시 일대에 이 시대의 유적이 다수 분포되어 있음을 알 수 있습니다.

청주시 오송읍에서 뗀석기 다수 발굴

① 반달 돌칼로 벼를 수확하였다.
② 가락바퀴를 이용하여 실을 뽑았다.
③ 주로 동굴이나 바위 그늘에서 살았다.
④ 반량전, 명도전 등 화폐를 사용하였다.
⑤ 거푸집을 이용하여 세형 동검을 제작하였다.

2. (가) 나라에 대한 설명으로 옳은 것은? [2점]

○ (가) 의 풍속에는 가뭄이나 장마가 계속되어 오곡이 영글지 않으면, 그 허물을 왕에게 돌려 "왕을 마땅히 바꾸어야 한다."고 하거나 "죽여야 한다."라고 하였다.
— 『삼국지』 동이전 —

○ (가) 사람들은 …… 활·화살·칼·창으로 무기를 삼았다. 가축의 이름으로 관직명을 지으니 마가·우가·구가 등이 있었다. 그 나라의 읍락은 모두 여러 가(加)에 소속되었다.
— 『후한서』 동이열전 —

① 신성 지역인 소도가 존재하였다.
② 혼인 풍습으로 민며느리제가 있었다.
③ 12월에 영고라는 제천 행사를 열었다.
④ 왕 아래 상가, 대로, 패자 등의 관직이 있었다.
⑤ 사회 질서를 유지하기 위해 범금 8조를 두었다.

3. 밑줄 그은 '왕'에 대한 설명으로 옳은 것은? [2점]

〈다큐멘터리 기획안〉

위기에 빠진 고구려를 구하라!

◆ 기획 의도
평양성 전투에서 전사한 고국원왕의 뒤를 이어 즉위한 왕의 위기 극복 노력을 살펴본다.

◆ 구성
1부 전진으로부터 불교를 수용하다.
2부 태학을 설립하여 인재를 양성하다.

① 영락이라는 연호를 사용하였다.
② 도읍을 국내성에서 평양으로 옮겼다.
③ 낙랑군을 축출하여 영토를 확장하였다.
④ 을파소를 등용하고 진대법을 시행하였다.
⑤ 율령을 반포하여 통치 질서를 확립하였다.

4. (가) 왕의 업적으로 옳은 것은? [3점]

이 동상은 여러 번 고구려를 격파하여 다시 강국이 되었다는 내용의 국서를 양나라에 보내는 (가) 의 모습을 형상화한 것입니다. 또한 동상 앞 석상은 중국 남조의 영향을 받아 벽돌로 축조된 (가) 의 무덤에서 출토된 진묘수 모형입니다.

① 익산에 미륵사를 창건하였다.
② 고흥에게 서기를 편찬하게 하였다.
③ 마라난타를 통해 불교를 수용하였다.
④ 지방에 22담로를 두어 왕족을 파견하였다.
⑤ 진흥왕과 연합하여 한강 하류 지역을 되찾았다.

5. (가) 나라에 대한 설명으로 옳은 것은? [2점]

① 법흥왕 때 신라에 복속되었다.
② 동맹이라는 제천 행사를 열었다.
③ 골품에 따른 관등 승진에 제한이 있었다.
④ 정사암에 모여 국가의 중대사를 논의하였다.
⑤ 왕 아래 상, 대부, 장군 등의 관직을 두었다.

7. (가) 국가의 경제 상황으로 옳은 것은? [2점]

① 낙랑과 왜에 철을 수출하였다.
② 집집마다 부경이라는 창고가 있었다.
③ 울산항, 당항성이 무역항으로 번성하였다.
④ 삼한통보, 해동통보, 은병 등이 화폐로 제작되었다.
⑤ 농업 생산력 증대를 위해 우경을 처음으로 시작하였다.

6. (가)~(다)를 일어난 순서대로 옳게 나열한 것은? [3점]

(가) 사찬 시득이 수군을 거느리고 소부리주 기벌포에서 설인귀와 싸웠으나 패배하였다. 다시 나아가 크고 작은 22번의 싸움에서 승리하고, 4천여 명의 목을 베었다.

(나) 흑치상지가 도망하여 흩어진 무리들을 모으니, 열흘 사이에 따르는 자가 3만여 명이었다. …… 흑치상지가 별부장 사타상여를 데리고 험준한 곳에 웅거하여 복신과 호응하였다.

(다) 검모잠이 국가를 다시 일으키기 위하여 당을 배반하고 보장왕의 외손 안승을 세워 임금으로 삼았다. 당 고종이 대장군 고간을 보내 행군총관으로 삼고 병력을 내어 그들을 토벌하니, 안승이 검모잠을 죽이고 신라로 달아났다.

① (가) - (나) - (다)
② (가) - (다) - (나)
③ (나) - (가) - (다)
④ (나) - (다) - (가)
⑤ (다) - (나) - (가)

제75회 저격 한국사능력검정시험(심화)

8. (가) 인물에 대한 설명으로 옳은 것은? [1점]

이번에 소개할 곳은 함양 상림입니다. 이 숲은 당에서 귀국한 (가) 이/가 천령군(현 함양군) 태수로 부임하였을 때 홍수 피해를 막기 위해 조성하였다고 합니다. 백성들의 삶을 직접 살펴본 (가) 은/는 개혁 방안을 담은 시무책 10여 조를 진성 여왕에게 올렸습니다.

① 당으로 건너가 군사 동맹을 체결하였다.
② 구법순례기인 왕오천축국전을 저술하였다.
③ 격황소서를 지어 문장가로서 이름을 떨쳤다.
④ 외교 문서 작성에 능하여 청방인문표를 지었다.
⑤ 한자의 음과 훈을 차용한 이두를 체계적으로 정리하였다.

9. (가) 국가에 대한 설명으로 옳은 것은? [2점]

오늘 소개해 주실 자료는 무엇인가요?

이것은 일본의 이시야마사에 소장된 가구영험불정존승다라니기입니다. 해동성국이라 불린 (가) 의 사신 이거정이 가져간 것으로, 당시 양국의 교류와 불교문화를 엿볼 수 있는 중요한 자료로 평가받고 있습니다.

① 경당에서 글과 활쏘기를 가르쳤다.
② 군사 조직을 9서당 10정으로 편성하였다.
③ 화백 회의에서 국가의 중대사를 논의하였다.
④ 단궁, 과하마, 반어피 등의 특산물이 있었다.
⑤ 유학 교육 기관으로 주자감을 설치하여 인재를 양성하였다.

10. (가) 인물의 활동으로 옳은 것은? [2점]

> ○ (가) 은/는 왕의 족제(族弟)인 김부에게 왕위를 잇게 하였다. 그런 후에 왕의 아우 효렴과 재상 영경을 사로잡았다.
>
> ○ (가) 은/는 넷째 아들 금강이 키가 크고 지혜가 많아 특히 아끼어 왕위를 전하려 하니, [금강의] 형 신검, 양검, 용검 등이 이를 알고 몹시 근심하고 번민하였다.
>
> — 『삼국유사』 —

① 광평성 등의 정치 기구를 두었다.
② 공산 전투에서 고려군에게 대승을 거두었다.
③ 청해진을 근거지로 해상 무역을 전개하였다.
④ 국호를 마진으로 바꾸고 철원으로 천도하였다.
⑤ 정계와 계백료서를 지어 관리의 규범을 제시하였다.

제75회 저격 한국사능력검정시험(심화)

11. 다음 교서를 내린 왕의 정책으로 옳은 것은? [2점]

> 처음으로 12목을 설치하고 조서를 내려 말하기를, "부지런히 정사를 돌보면서 매번 신하들의 충고를 구하고 있다. 낮은 곳의 이야기를 듣고 멀리 보고자 어질고 현명한 이들의 힘을 빌리려고 한다. 이에 수령들의 공로에 의지해 백성들의 바람에 부합하고자 한다. 「우서(虞書)」의 12목 제도를 본받아 시행하니, 주나라가 8백 년간 지속하였듯이 우리의 국운도 길이 이어질 것이다."라고 하였다.

① 전시과 제도를 처음 시행하였다.
② 개국 공신에게 역분전을 지급하였다.
③ 장학 기금 마련을 위해 양현고를 설치하였다.
④ 노비안검법을 시행하여 국가 재정 기반을 확대하였다.
⑤ 최승로의 시무 28조를 받아들여 통치 체제를 정비하였다.

12. 다음 사건이 전개된 시기의 사회 모습으로 옳은 것은? [3점]

> ○ 최충헌 형제가 왕을 협박하여 창락궁에 유폐하고 태자 왕숙은 강화도로 유배 보냈다.
>
> ○ 유경이 최의를 죽인 뒤, 왕에게 아뢰어 정방을 편전 옆에 두어 인사권을 장악하고, 국가의 주요 사무를 모두 결정하였다.

① 묘청이 서경 천도를 주장하였다.
② 삼별초가 용장성에서 항전하였다.
③ 왕실의 외척인 이자겸이 난을 일으켰다.
④ 중서문하성과 상서성이 첨의부로 개편되었다.
⑤ 국정을 총괄하는 기구로 교정도감이 설치되었다.

13. (가) 국가의 침임에 대한 고려의 대응으로 옳은 것은? [1점]

> 강화중성은 (가) 의 침략에 맞서 고려가 강화도로 천도한 이후 건립한 내성, 중성, 외성 중 하나입니다. 강화중성은 당시 수도를 둘러싼 토성(土城)으로, 이번 발굴 조사에서 방어를 위해 성벽의 바깥에 돌출시킨 대규모 치성(雉城)이 확인되었습니다.

① 광군을 조직하여 침입에 대비하였다.
② 서희를 보내 소손녕과 외교 담판을 벌였다.
③ 처인성에서 몽골 장수 살리타를 사살하였다.
④ 화통도감을 설치하여 화약과 화포를 제작하였다.
⑤ 신기군, 신보군, 항마군으로 구성된 별무반을 창설하였다.

14. 밑줄 그은 '이 시기'에 볼 수 있는 모습으로 옳은 것을 <보기>에서 고른 것은? [2점]

이것은 수령 옹주 묘지명입니다. 왕족인 왕온의 부인이었던 그녀는 남편을 일찍 잃고 3남 1녀를 홀로 키웠으나, 딸이 공녀로 원에 끌려가자 그 슬픔으로 병을 얻어 세상을 떠났습니다. 수령 옹주가 살았던 이 시기에는 많은 여성이 공녀로 끌려갔습니다.

<보기>
ㄱ. 최충이 9재 학당을 설립하였다.
ㄴ. 일본 원정을 위해 정동행성을 설치하였다.
ㄷ. 지배층을 중심으로 변발과 호복이 유행하였다.
ㄹ. 쌍기의 건의를 받아들여 과거제가 처음 실시되었다.

① ㄱ, ㄴ ② ㄱ, ㄷ ③ ㄴ, ㄷ ④ ㄴ, ㄹ ⑤ ㄷ, ㄹ

15. 다음 상황이 나타난 시기의 경제 상황으로 옳은 것은? [2점]

○ 왕이 명하였다. "도성 안의 백성들이 역질에 걸렸으니 구제도감을 설치하여 치료하고, 시신과 유골은 거두어 비바람에 드러나지 않게 매장하라."
○ 중서성에서 아뢰었다. "지난해 관내 서도의 주현에 흉년이 들어 백성이 굶주리고 있습니다. 사창과 공해(公廨)의 곡식을 내어 경작을 원조하고, 가난하여 스스로 살아갈 수 없는 자는 의창을 열어 진휼하십시오."

① 백성에게 정전이 지급되었다.
② 벽란도가 국제 무역항으로 번성하였다.
③ 고구마, 감자 등의 구황 작물이 재배되었다.
④ 시장을 감독하기 위해 동시전을 설치하였다.
⑤ 일본과의 무역을 허용하고 계해약조를 체결하였다.

16. (가)~(다)를 일어난 순서대로 옳게 나열한 것은? [2점]

(가) 우왕이 요동을 공격하는 일을 최영과 은밀하게 의논하였다. …… 마침내 8도의 군사를 징발하고 최영이 동교에서 군사를 사열하였다.

(나) 대군이 압록강을 건너서 위화도에 머물렀다. …… 이성계가 회군한다는 소식을 듣고 앞다투어 모여든 사람이 천여 명이나 되었다.

(다) 도평의사사에서 글을 올려 과전을 지급하는 법을 정할 것을 청하니, 그 의견을 따랐다. …… 경기는 사방의 근본이므로 마땅히 과전을 설치하여 사대부를 우대하여야 한다. 무릇 수도에 거주하며 왕실을 지키는 자는 현직, 산직(散職)을 불문하고 각각 과(科)에 따라 받게 한다.

① (가) - (나) - (다)
② (가) - (다) - (나)
③ (나) - (가) - (다)
④ (나) - (다) - (가)
⑤ (다) - (나) - (가)

17. 다음 자료와 관련된 내용으로 옳은 것은? [1점]

역사 신문
제△△호　　　　　　　○○○○년 ○○월 ○○일

정부, 관학 진흥에 힘쓰다

최충이 세운 문헌공도를 비롯한 사학 12도에 학생이 몰려들어 사학이 크게 융성하고 있다. 이러한 상황에서 국자감 운영에 어려움을 겪게 되자, 정부는 제술업, 명경업 등에 새로 응시하려는 사람은 국자감에 300일 이상 출석해야 한다는 규정을 만드는 등 관학을 진흥하기 위한 방안을 마련하고 있다.

① 당에 유학생을 파견하였다.
② 전문 강좌인 7재를 운영하였다.
③ 사액 서원에 서적과 노비를 지급하였다.
④ 관리 채용을 위해 독서삼품과를 시행하였다.
⑤ 만권당을 설립하여 원의 학자들과 교류하게 하였다.

18. (가)에 들어갈 문화유산으로 옳지 않은 것은? [3점]

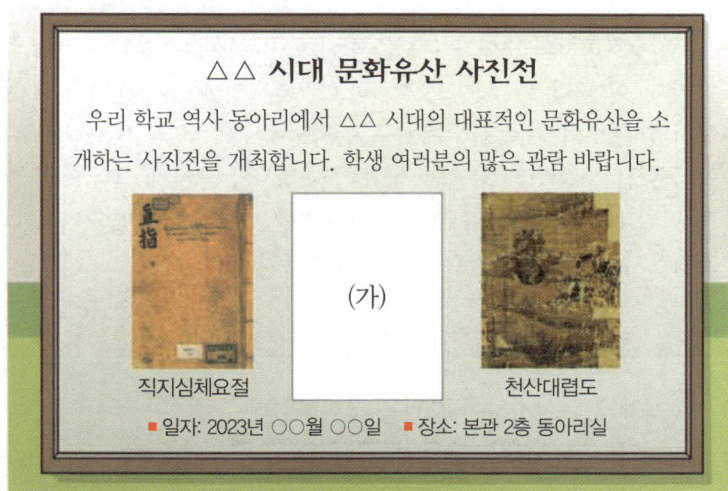

△△ 시대 문화유산 사진전

우리 학교 역사 동아리에서 △△ 시대의 대표적인 문화유산을 소개하는 사진전을 개최합니다. 학생 여러분의 많은 관람 바랍니다.

직지심체요절　(가)　천산대렵도

■ 일자: 2023년 ○○월 ○○일　■ 장소: 본관 2층 동아리실

①
②
③
④
⑤

19. 밑줄 그은 '전하'의 재위 기간에 있었던 사실로 옳은 것은? [2점]

> 세종 대왕께서는 집현전 유신(儒臣)들에게 명하여 오례를 상세히 정하게 하셨다. …… 예종 대왕과 우리 주상 전하께서 선왕의 뜻을 이어 이 방대한 책을 완성하게 하셨다. …… 예(禮)를 기술한 것은 3,300가지나 되지만, 그 요점은 길례·흉례·군례·빈례·가례 다섯 가지일 뿐이다.

① 주자소가 설치되어 계미자가 주조되었다.
② 훈련 교범인 무예도보통지가 간행되었다.
③ 전통 한의학을 집대성한 동의보감이 완성되었다.
④ 삼남 지방의 농법을 소개한 농사직설이 편찬되었다.
⑤ 전국의 지리, 풍속 등이 수록된 동국여지승람이 완성되었다.

제75회 저격 한국사능력검정시험(심화)

20. (가) 기구에 대한 설명으로 옳은 것은? [2점]

> **역사 용어 해설**
>
> (가)
>
> 1. 개요
>
> 조선 시대에 언론 활동, 풍속 교정, 백관에 대한 규찰과 탄핵 등을 관장하던 기구이다. 대사헌, 집의, 장령, 감찰 등의 직제로 구성되어 있다.
>
> 2. 관련 사료
>
> 건국 초기에 고려의 제도에 따라 설치하였다. …… 『경국대전』에는 "정사를 논평하고, 백관을 규찰하고, 풍속을 바로잡고, 억울함을 풀어주고, 허위를 금지하는 등의 일을 관장한다."라고 하였다.
> ― 『순암집』 ―

① 왕명의 출납을 관장하였다.
② 수도의 행정과 치안을 담당하였다.
③ 사헌부, 홍문관과 함께 3사로 불렸다.
④ 5품 이하의 관리에 대한 서경권을 행사하였다.
⑤ 국왕 직속 사법 기구로 반역죄 등을 처결하였다.

21. 다음 상황이 나타난 시기를 연표에서 옳게 고른 것은? [2점]

> 왕이 전지하기를, "김종직은 보잘것없는 시골의 미천한 선비였는데, 선왕께서 발탁하여 경연에 두었으니 은혜와 총애가 더 없이 컸다고 하겠다. 그런데 지금 그의 제자 김일손이 사초에 부도덕한 말로써 선왕 대의 일을 거짓으로 기록하고, 또 스승인 김종직의 조의제문을 신고서 그 글을 찬양하였으니, 형명(刑名)을 의논하여 아뢰어라."라고 하였다.

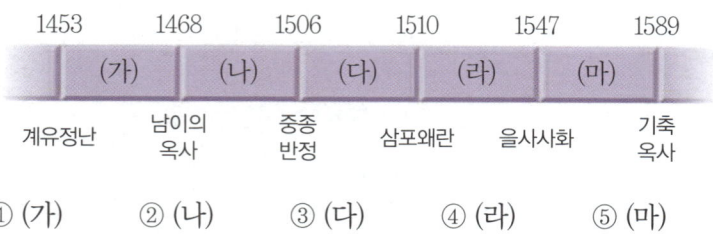

① (가) ② (나) ③ (다) ④ (라) ⑤ (마)

22. 다음 상황이 나타난 시기의 왕의 업적으로 옳은 것은? [3점]

> 4월 누르하치의 군대가 무순을 함락하고, 7월에는 청하를 함락하였다. 이에 명에서 정벌을 결정하고 우리나라에 군사 징발을 요구하였다. 명의 총독 왕가수의 군문(軍門)에서 약 4만의 병사를 요구하였으나, 경략(經略) 양호가 조선의 병사와 군마가 적다고 하여 마침내 그 수를 줄여서 총수(銃手) 1만 명만 징발하였다. 7월 조정에서 강홍립을 도원수로, 김경서를 부원수로 삼았다.
> ― 『책중일록』 ―

① 6조 직계제를 실시하여 왕권을 강화하였다.
② 청과의 국경을 정하는 백두산정계비를 세웠다.
③ 탕평비를 세워 붕당 정치의 폐해를 경계하였다.
④ 기유약조를 체결하여 일본과의 무역을 재개하였다.
⑤ 집현전을 설치하여 인재를 육성하고 편찬 사업을 추진하였다.

23. 밑줄 그은 '이 전쟁' 중에 있었던 사실로 옳은 것은? [2점]

① 임경업이 백마산성에서 항전하였다.
② 강홍립이 사르후 전투에 참전하였다.
③ 김시민이 진주성에서 적군을 크게 물리쳤다.
④ 최윤덕이 올라산성에서 이만주 부대를 정벌하였다.
⑤ 외적의 침입에 대응하기 위해 임시 기구로 비변사가 설치되었다.

24. (가) 사건에 대한 설명으로 옳은 것은? [1점]

이것은 평안도 지역에 대한 차별 등에 반발하여 일어난 (가) 을/를 진압하기 위해 관군이 정주성을 에워싸고 있는 상황을 그린 그림입니다. 이후 관군은 땅굴을 파고 성벽을 폭파하는 전술로 봉기군을 진압하였습니다.

정주성공격도

① 척왜양창의를 기치로 내걸었다.
② 우군칙, 이희저 등이 주도하였다.
③ 청군이 파병되는 결과를 가져왔다.
④ 삼정이정청이 설치되는 계기가 되었다.
⑤ 제물포 조약이 체결되는 배경이 되었다.

25. 다음 상황이 나타난 시기에 볼 수 있는 모습으로 적절하지 않은 것은? [2점]

> ○ 집집마다 인삼을 심어서 돈을 물 쓰듯이 한다고 하는데, 재산을 만드는 방법으로는 이보다 나은 것이 없다고 한다.
> ○ 어제 울타리 밖의 몇 되지기 밭에 담배를 파종하였다.
> ○ 금년에는 목화가 풍년이 들었는데, 어제는 시장에서 25근에 100전이었다고 한다.
> — 『노상추일기』 —

① 한글 소설을 읽고 있는 부녀자
② 염포의 왜관에서 교역하는 상인
③ 시사(詩社)를 조직하여 활동하는 중인
④ 물주의 자금으로 광산을 경영하는 덕대
⑤ 한강을 무대로 상업에 종사하는 경강상인

26. 밑줄 그은 '이 왕'의 업적으로 옳은 것은? [2점]

이것은 정민교의 서사시 '군정탄(軍丁歎)'입니다. 이 작품에 표현된 황구첨정 등의 폐단을 해결하고자 이 왕은 균구청을 설치하고 양역 제도를 개선하였습니다.

① 조선의 기본 법전인 경국대전을 완성하였다.
② 수조권이 세습되던 수신전과 휼양전을 폐지하였다.
③ 각 궁방과 중앙 관서의 공노비 6만여 명을 해방하였다.
④ 역대 문물 제도를 정리한 동국문헌비고를 편찬하였다.
⑤ 전세를 1결당 4~6두로 고정하는 영정법을 제정하였다.

27. 다음 검색창에 들어갈 인물의 활동으로 옳은 것은? [3점]

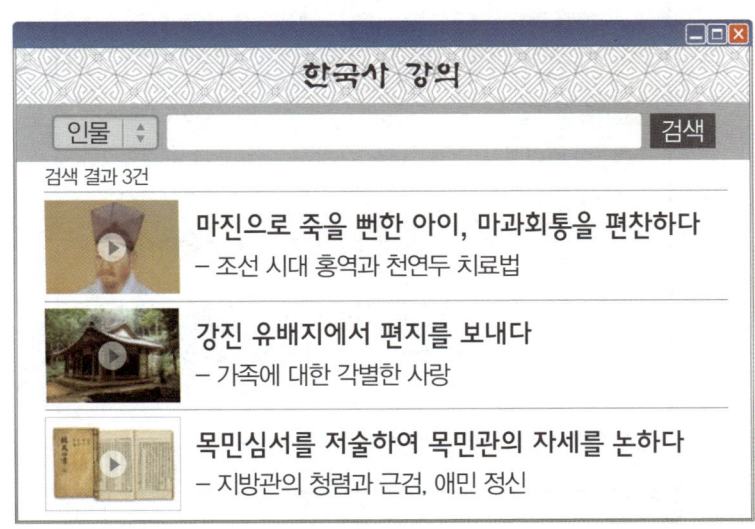

① 의산문답에서 무한 우주론을 주장하였다.
② 기기도설을 참고하여 거중기를 설계하였다.
③ 우서에서 사농공상의 직업적 평등을 주장하였다.
④ 양반전을 지어 양반의 허례와 무능을 풍자하였다.
⑤ 북학의를 저술하여 수레와 배의 이용을 권장하였다.

28. (가) 인물의 활동으로 옳은 것은? [1점]

> 이곳은 (가) 이/가 제주도에 유배되어 머물렀던 장소입니다. 그는 이곳에서 세한도를 그렸습니다.

① 기해 예송에서 기년설을 주장하였다.
② 양명학을 연구하여 강화학파를 형성하였다.
③ 역대 명필을 연구하여 추사체를 창안하였다.
④ 다양한 개혁 방안을 담은 동호문답을 저술하였다.
⑤ 예안 향약을 시행하여 향촌 교화를 위해 노력하였다.

29. 밑줄 그은 '이 사건'에 대한 설명으로 옳은 것은? [2점]

> **사료로 보는 한국사**
> 온 성의 군민이 모두 울분을 품고, …… 총환과 화살을 어지러이 발사하였으며 사생을 잊고 위험을 무릅쓰지 않는 자가 없었으니, 반드시 오랑캐를 도륙하고야 말 태세였습니다. 강 아래 위의 요해처에서 막고, 마침내 화선(火船)으로 불길이 옮겨붙게 함으로써 모조리 죽여 살아남은 종자가 없게 된 것은 모두 이들이 …… 용감하게 싸운 것에 기인한 것이었습니다.
>
> [해설] 자료는 『환재집』의 일부로, 평양 군민들이 대동강에서 이양선을 격침한 <u>이 사건</u>의 전말을 서술한 것이다. 평안 감사가 여러 차례 조정에 올린 장계를 통해 당시의 생생한 상황을 파악할 수 있다.

① 황사영 백서 사건의 원인이 되었다.
② 운요호가 강화도와 영종도를 공격하였다.
③ 양헌수 부대가 정족 산성에서 항전하였다.
④ 김기수가 수신사로 파견되는 결과를 가져왔다.
⑤ 로저스 제독이 이끄는 미군이 강화도를 침략하는 계기가 되었다.

30. 밑줄 그은 '이 사건'에 대한 설명으로 옳은 것은? [2점]

> 이것은 구식 군인들이 일으킨 <u>이 사건</u> 당시 민응식이 왕비를 호종(扈從)하며 기록한 자료입니다. 궁궐을 빠져 나온 왕비의 피란 과정과 건강 상태 등이 상세히 기록되어 있습니다.

▲ 임오유월일기

① 선혜청과 일본 공사관을 습격하였다.
② 전개 과정에서 홍범 14조가 반포되었다.
③ 통리기무아문이 설치되는 결과를 가져왔다.
④ 우정총국 개국 축하연을 이용하여 일어났다.
⑤ 김윤식이 청에 영선사로 파견되는 계기가 되었다.

31. (가), (나) 사이의 시기에 있었던 사실로 옳은 것은? [3점]

> (가) 수신사 김기수가 나와 엎드리니 왕이 말하였다. "전선, 화륜과 농기계에 관하여 들은 것은 없는가? 저 나라에서 이 세 가지 일을 제일 급하게 힘쓰고 있다고 하는데, 그러하던가?" 김기수가 "과연 그러하였습니다."라고 아뢰었다.
>
> (나) 어윤중이 동래부 암행어사로 임명되어 왕에게서 받은 봉해진 서신을 열어보니, "일본 조정의 논의와 정국의 형세, 풍속·인물·교빙·통상 등의 대략을 염탐하는 것이 좋겠다. 그러니 너는 일본으로 건너가 크고 작은 일들을 보고 듣되 시간에 구애받지 말고 낱낱이 탐지해서 별도의 문서로 조용히 보고하라."라는 내용이었다.

① 일본과 강화도 조약을 체결하였다.
② 영국이 거문도를 불법으로 점령하였다.
③ 김홍집이 조선책략을 들여와 국내에 소개하였다.
④ 청나라와 조청 상민 수륙 무역 장정을 체결하였다.
⑤ 마젠창과 묄렌도르프가 국내에 고문으로 파견되었다.

32. (가) 시기에 있었던 사실로 옳은 것은? [2점]

① 남접과 북접이 논산에서 연합하였다.
② 황토현에서 전라 감영군을 격파하였다.
③ 집강소를 중심으로 폐정 개혁안을 실천하였다.
④ 조병갑의 탐학에 저항하여 고부 관아를 습격하였다.
⑤ 동학 교도가 교조 신원을 요구하며 삼례 집회를 개최하였다.

33. 밑줄 그은 '개혁'의 내용으로 옳은 것은? [2점]

① 한성 사범 학교 관제를 반포하였다.
② 군 통수권 장악을 위해 원수부를 두었다.
③ 건양이라는 독자적인 연호를 채택하였다.
④ 군제를 개편하여 5군영을 2영으로 통합하였다.
⑤ 공사 노비법을 혁파하고 과부의 재가를 허용하였다.

34. (가) 단체에 대한 설명으로 옳은 것은? [1점]

이달의 독립운동가

국권을 지키기 위해 노력한 남궁억

• 생몰년: 1863~1939
• 생애 및 활동

서울 정동에서 태어났다. 동문학에서 교육을 받았다. 1896년 서재필 등과 함께 (가) 을/를 창립하여 활동하였다. (가) 의 의회 설립 운동이 공화제를 수립하려는 것이라는 의심을 받아 이상재 등과 함께 체포되었다. 러시아와 일본의 한국 침략을 고발하는 논설과 기사를 실은 황성신문 사장을 역임하였다. 정부는 그의 공훈을 기려 건국 훈장 독립장을 추서하였다.

① 만세보를 발행하여 민중 계몽에 앞섰다.
② 러시아의 절영도 조차 요구를 저지하였다.
③ 외교 활동을 펼치기 위해 구미 위원부를 설치하였다.
④ 여성의 평등한 권리를 주장하는 여권통문을 발표하였다.
⑤ 대성 학교와 오산 학교를 설립하여 민족 교육을 실시하였다.

35. 다음 자료의 상황 이후에 전개된 사실로 가장 적절한 것은? [2점]

전보 제○○○호

발신인: 하야시 외무대신(도쿄)
수신인: 이토 통감(한성)

헤이그에서 발행된 평화회의보는 한국 전 부총리대신 이상설 외 2명이 평화회의에 특사로 파견되었다고 보도함. 기사에는 우선 그 한국인이 평화회의 위원으로 한국 황제가 파견한 자라는 것이 기재되었고, 이어서 일본이 한국 황제의 뜻을 배반하고, 병력으로 한국의 법규 관례를 유린하고 동시에 한국의 외교권을 탈취한 점, 그 결과 자신들이 한국 황제가 파견한 위원임에도 불구하고 평화회의에 참여할 수 없음이 유감이라는 점 등이 실렸음.

① 고종이 강제로 퇴위당하였다.
② 메가타가 재정 고문으로 부임하였다.
③ 최익현이 태인에서 의병을 일으켰다.
④ 고종이 러시아 공사관으로 거처를 옮겼다.
⑤ 일본과 청나라가 톈진 조약을 체결하였다.

36. (가) 단체의 활동으로 옳은 것은? [2점]

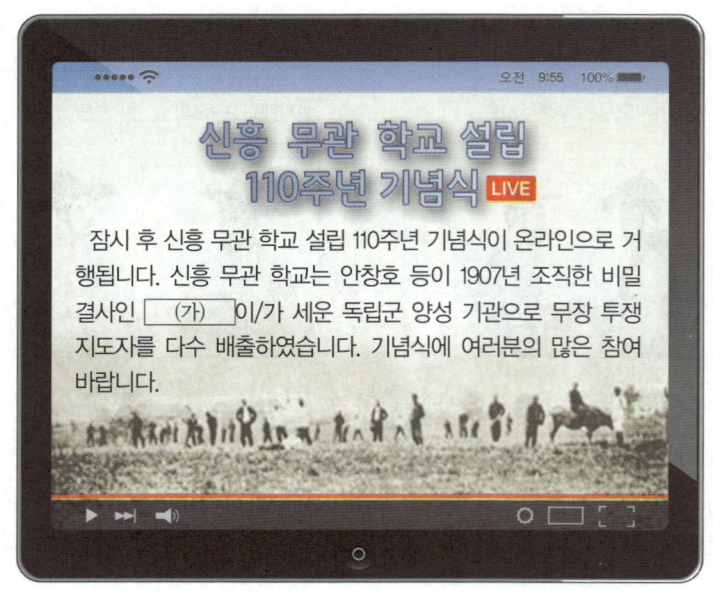

신흥 무관 학교 설립 110주년 기념식 LIVE

잠시 후 신흥 무관 학교 설립 110주년 기념식이 온라인으로 거행됩니다. 신흥 무관 학교는 안창호 등이 1907년 조직한 비밀 결사인 (가) 이/가 세운 독립군 양성 기관으로 무장 투쟁 지도자를 다수 배출하였습니다. 기념식에 여러분의 많은 참여 바랍니다.

① 이륭양행에 교통국을 설치하였다.
② 일제의 황무지 개간권 요구를 저지시켰다.
③ 고종의 강제 퇴위 반대 운동을 전개하였다.
④ 배재 학당을 세워 신학문을 보급하고자 하였다.
⑤ 태극 서관을 운영하여 계몽 서적 등을 보급하였다.

37. 다음 법령이 시행된 시기에 볼 수 있는 모습으로 적절한 것은? [1점]

제1조 조선 주차(駐箚) 헌병은 치안 유지에 관한 경찰 및 군사 경찰을 담당한다.

제5조 헌병은 직무에 관해 정당한 직권을 가진 사람의 요구가 있을 때에는 즉시 응해야 한다.

제18조 헌병의 복무 및 헌병 보조원에 관한 규정은 조선 총독이 정한다.

① 황국 신민 서사를 암송하는 학생
② 경성 제국 대학에서 공부하는 학생
③ 암태도 소작 쟁의에 참여하는 농민
④ 조선인에게 태형을 집행하는 헌병 경찰
⑤ 원산 총파업에 연대 지원금을 보내는 외국 노동자

38. (가) 민족 운동에 대한 설명으로 옳은 것은? [2점]

이것은 순종의 인산일에 일어난 (가) 당시 장례 행렬에 모인 사람들에게 뿌려진 격문의 일부입니다.

- 대한 독립운동가여 단결하라!
- 일체 납세를 거부하자!
- 일본 물자를 배척하자!
- 언론·출판·집회의 자유를!
- 보통 교육은 의무 교육으로!
- 교육 용어는 조선어로!

① 통감부의 방해와 탄압으로 중단되었다.
② 정우회 선언을 발표하는 데 영향을 주었다.
③ 일제가 이른바 문화 통치를 실시하는 배경이 되었다.
④ 한국인 학생과 일본인 학생 간의 충돌에서 비롯되었다.
⑤ 성진회와 각 학교 독서회에 의해 전국적으로 확산하였다.

39. (가) 지역에서 전개된 민족 운동에 대한 설명으로 옳은 것은? [3점]

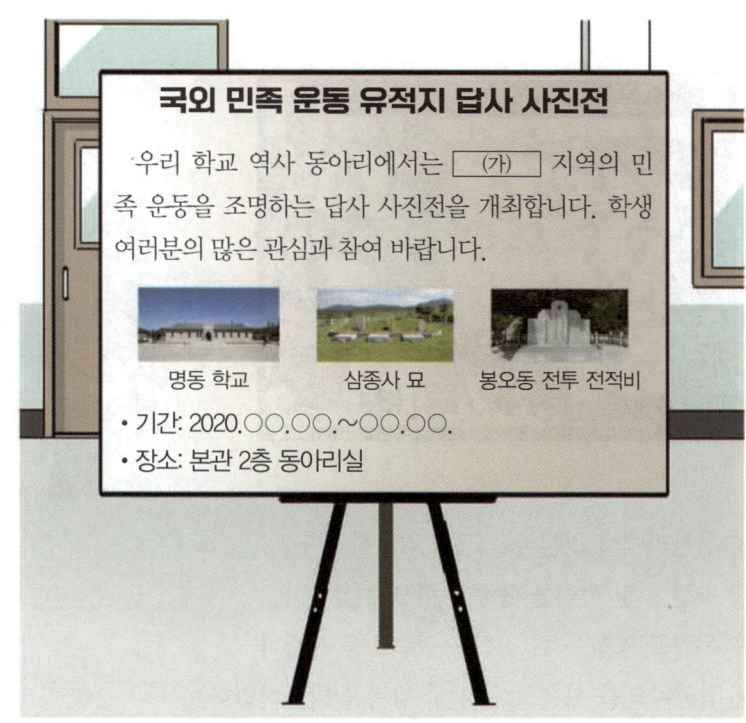

① 한인 자치 기구인 경학사가 설립되었다.
② 북로 군정서군이 조직되어 독립 전쟁을 전개하였다.
③ 유학생들을 중심으로 2·8 독립 선언서를 발표하였다.
④ 대조선 국민 군단을 결성하여 군사 훈련을 실시하였다.
⑤ 대한 광복군 정부를 세워 무장 독립 투쟁을 전개하였다.

40. (가) 정부에 대한 설명으로 옳은 것은? [2점]

> 이것은 (가) 요인들의 가족이 중심이 되어 조직한 한국 혁명 여성 동맹의 창립 기념 사진입니다. 이 단체는 충칭에서 대일 선전 성명서를 발표한 (가) 의 독립운동을 지원하고 교육 활동 등에 주력하였습니다.

① 청산리에서 일본군을 크게 격파하였다.
② 조선 혁명 선언을 행동 강령으로 삼았다.
③ 독립군 양성을 위해 신흥 강습소를 세웠다.
④ 삼균주의를 기초로 한 건국 강령을 발표하였다.
⑤ 광주 학생 항일 운동에 진상 조사단을 파견하였다.

41. 밑줄 그은 '시기'의 일제 정책으로 옳은 것은? [2점]

> 부평 공원 내에 있는 이 동상은 일제의 무기 공장인 조병창 등에 강제 동원된 노동자의 모습을 형상화한 작품입니다. 중일 전쟁 이후 침략 전쟁을 확대하던 시기에 일제는 한국인을 탄광, 군수 공장 등으로 끌고 가 열악한 환경에서 혹사시켰습니다.

① 회사령을 공포하였다.
② 동양 척식 주식회사를 설립하였다.
③ 조선 사상범 예방 구금령을 시행하였다.
④ 사회주의자를 탄압하기 위한 치안 유지법을 제정하였다.
⑤ 근대적 토지 소유권 확립을 명분으로 토지 조사 사업을 실시하였다.

42. (가) 부대에 대한 설명으로 옳은 것은? [1점]

> 인도 전선에서 (가) 이/가 활동에 나선 이래, 각 대원은 민족의 영광을 위해 빗발치는 탄환도 두려워하지 않고 온갖 고초를 겪으며 영국군의 작전에 협조하였다. (가) 은/는 적을 향한 육성 선전, 방송, 전단 살포, 포로 신문, 정찰, 포로 훈련 등 여러 부분에서 상당한 성과를 거두었다. 그 결과 영국군 당국은 우리를 깊이 신임하고 있으며, 한국 독립에 대해서도 동정을 아끼지 않고 있다. 충칭에 거주하고 있는 한국 청년 동지들이 인도에서의 공작에 다수 참여하기를 희망한다.
> ―「독립신문」―

① 자유시 참변으로 큰 타격을 입었다.
② 미군과 연계하여 국내 진공 작전을 계획하였다.
③ 쌍성보 전투에서 일본군을 상대로 승리를 거두었다.
④ 중국 관내(關內)에서 결성된 최초의 한인 무장 부대였다.
⑤ 조선 혁명당의 군사 조직으로 남만주 지역에서 활동하였다.

43. (가) 단체에 대한 설명으로 옳은 것은? [2점]

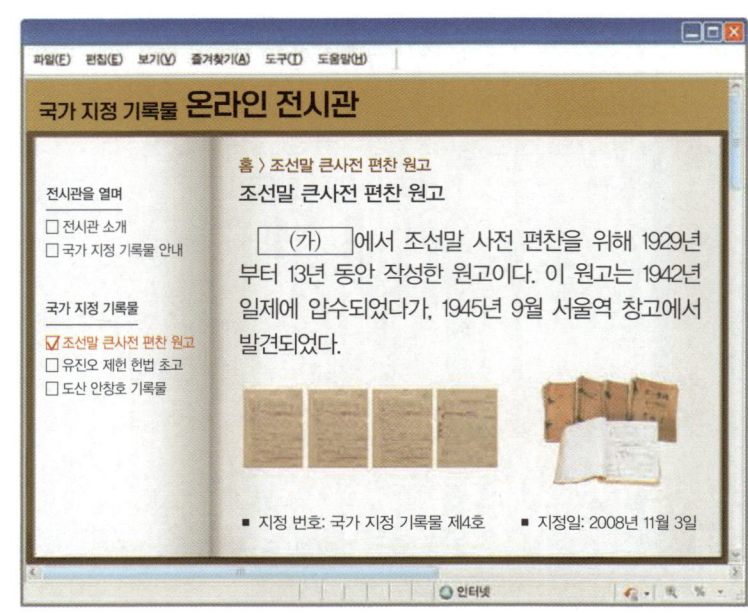

① 한글 신문인 제국신문을 간행하였다.
② 우리말 음운 연구서인 언문지를 저술하였다.
③ 파리 강화 회의에 독립 청원서를 제출하였다.
④ 국문 연구소를 두어 한글을 체계적으로 연구하였다.
⑤ 한글 맞춤법 통일안과 표준어 사정안을 제정하였다.

제75회 저격 한국사능력검정시험(심화)

44. 다음 상황 이후에 일어난 사실로 옳지 <u>않은</u> 것은? [3점]

> 군정 장관 아놀드 소장은 12월 29일 오전 10시 30분 군정청 제1회의실에서 신문 기자단과 회견하고 신탁 통치에 관한 질문에 대략 다음과 같은 견해를 표명하고 일문일답을 하였다. "…… 신탁 통치는 조선 임시 민주 정부를 수립코자 함이 목적일 것이다. 우선 조선인이 당면한 경제 산업에 있어 유의하여 신탁 관리 문제로 모든 기관이 중지 상태로 들어가지 않기를 요망한다. 현 단계에 이르러 진실한 냉정이 필요할 것이다. 4개국을 믿고 있는 중에 직무에 충실하여야 한다."

① 모스크바 3국 외상 회의가 개최되었다.
② 반민족 행위 특별 조사 위원회가 출범하였다.
③ 좌우 합작 위원회가 좌우 합작 7원칙을 발표하였다.
④ 남한만의 단독 정부 수립을 주장한 정읍 발언이 제기되었다.
⑤ 유엔 총회에서 인구 비례에 의한 남북 총선거가 의결되었다.

45. 다음 상황 이후에 일어난 사실로 옳은 것을 〈보기〉에서 고른 것은? [2점]

> 유엔군과 국군은 서울에서 퇴각하고 한강 이북의 부대를 철수시키기로 결정하였다. 이들은 한강에 설치된 임시 교량을 이용해 철수하였고, 오후 1시경에 마지막 부대가 통과한 후 임시 교량을 폭파시켰다. 이에 앞서 정부는 서울 시민들에게 피란을 지시하였고, 많은 서울 시민들이 보따리를 싸서 피란길에 나섰다.

〈보기〉
ㄱ. 애치슨 선언이 발표되었다.
ㄴ. 한미 상호 방위 조약이 체결되었다.
ㄷ. 인천 상륙 작전 이후 서울을 수복하였다.
ㄹ. 거제도 포로 수용소에서 반공 포로가 석방되었다.

① ㄱ, ㄴ ② ㄱ, ㄷ ③ ㄴ, ㄷ ④ ㄴ, ㄹ ⑤ ㄷ, ㄹ

46. 다음 정부 시기의 경제 상황으로 옳은 것은? [1점]

① 경부 고속 도로를 준공하였다.
② 경제 협력 개발 기구(OECD)에 가입하였다.
③ 저금리, 저유가, 저달러의 3저 호황이 있었다.
④ 귀속 재산 처리를 위해 신한 공사가 설립되었다.
⑤ 경제적 취약 계층을 위한 국민 기초 생활 보장법이 시행되었다.

47. 다음 담화문을 발표한 정부 시기의 역사적 사실로 옳은 것은? [2점]

> 헌법 제76조 제1항의 규정에 의거하여 「금융실명거래 및 비밀보장에 관한 대통령 긴급재정경제명령」을 반포합니다. …… 금융 실명제 없이는 건강한 민주주의도, 활력이 넘치는 자본주의도 꽃피울 수가 없습니다. 정치와 경제의 선진화를 이룩할 수가 없습니다. 금융 실명제는 '신한국'의 건설을 위해서 그 어느 것보다도 중요한 제도 개혁입니다.

① 서울 올림픽 대회가 개최되었다.
② 삼풍 백화점 붕괴 사고가 일어났다.
③ 프로 야구가 6개 구단으로 출범하였다.
④ 평화 통일론을 주장한 조봉암이 구속되었다.
⑤ 중학교 입시 제도를 폐지하고 무시험 추천제를 실시하였다.

제75회 저격 한국사능력검정시험(심화)

48. (가), (나) 헌법에 대한 설명으로 옳은 것은? [3점]

(가)
제1조 ① 대한민국은 민주 공화국이다.
② 대한민국의 주권은 국민에게 있고, 모든 권력은 국민으로부터 나온다.
제64조 ① 대통령은 국민의 보통·평등·직접·비밀 선거에 의하여 선출한다.
제69조 ① 대통령의 임기는 4년으로 한다.
③ 대통령의 계속 재임은 3기에 한한다.

(나)
제1조 ① 대한민국은 민주 공화국이다.
② 대한민국의 주권은 국민에게 있고, 국민은 그 대표자나 국민 투표에 의하여 주권을 행사한다.
제39조 ① 대통령은 통일 주체 국민 회의에서 토론 없이 무기명 투표로 선거한다.
제47조 대통령의 임기는 6년으로 한다.
제59조 ① 대통령은 국회를 해산할 수 있다.

① (가) – 제헌 국회에서 제정하였다.
② (가) – 6·25 전쟁 중 공포되었다.
③ (나) – 6월 민주 항쟁의 결과 제정되었다.
④ (나) – 3·1 민주 구국 선언에 영향을 주었다.
⑤ (가), (나) – 초대 대통령에 한해 중임 제한이 철폐되었다.

49. (가) 민주화 운동에 대한 설명으로 옳은 것은? [2점]

① 유신 체제가 붕괴되는 계기가 되었다.
② 장면 내각이 출범하는 배경이 되었다.
③ 굴욕적인 한일 국교 정상화에 반대하였다.
④ 호헌 철폐, 독재 타도 등의 구호를 내세웠다.
⑤ 신군부의 비상 계엄 확대와 무력 진압에 저항하였다.

50. (가) 정부의 통일 노력으로 옳은 것은? [2점]

□□ 신문
제△△호   ○○○○년 ○○월 ○○일

대한민국 대통령, 중국 최초 방문

9월 27일부터 30일까지 (가) 대통령이 대한민국 대통령으로는 최초로 중국을 공식 방문하였다. 베이징에서 진행된 회담에서 양국 정상은 지난달 성사된 한중 수교의 의의를 높이 평가하면서 우호 협력 관계를 발전시키자고 하였다. 또한 양국 정상은 한반도의 긴장 완화가 한국 국민의 이익에 부합될 뿐 아니라 동북아시아 평화와 안정에 유익하며, 이와 같은 추세가 계속 발전해 나가야 한다는 데 합의하였다.

① 남북한이 유엔에 동시 가입하였다.
② 개성 공업 지구 건설에 합의하였다.
③ 10·4 남북 공동 선언을 발표하였다.
④ 남북 조절 위원회를 운영하기로 합의하였다.
⑤ 남북 이산가족 고향 방문단의 교환 방문을 최초로 성사하였다.

한국사능력검정시험
제75회 보통맛 예상!
2025. 8. 9. 시행

1 보통맛 예측 근거

1) 한능검 급수 체계 개편 이후 역대 최하 합격률 40.11%

제74회 한능검은 급수 체계 개편 이후 합격률 최하를 기록했습니다. 일반적으로 한능검은 너무 **낮은 합격률이 나오면 다음 회차의 난도를 쉽게 조절**하는 특징이 있기 때문에, 제75회 한능검은 제74회보다 비교적 쉽게 출제될 확률이 높습니다!

2) 3급~1급의 비슷한 합격률

제74회 한능검은 3급 13.67%, 2급 12.03%, 1급 14.41%의 합격률을 보이며 3급부터 1급까지 합격률에 큰 차이가 없었습니다! 이처럼 **급수별 합격률 차이가 근소하고, 1급 합격률이 현저히 낮다는 것은 시험의 난도가 높음을 시사**합니다. 한능검은 너무 어렵거나 쉽게 나온 시험의 다음 회차는 **난이도 조절을 하는 시험**이기 때문에 제75회 한능검은 제74회보다 쉽게 출제될 확률이 높다고 판단됩니다.

2 75회차 주목 포인트 & 학습 전략

1) 기출 연계 패턴 주목!

제74회가 상당히 어려운 회차는 맞으나 기출 사례 응용, 또는 자주 언급된 인물을 다시 출제한 사례가 명백히 확인되었습니다.

→ **학습 전략: 시대별 기출 풀이 등을 통해 한능검에서 자주 출제되는 유형에 대한 꼼꼼한 학습과 더불어 빈출 인물 학습을 통한 기본 점수 확보**가 필요합니다.

2) 종합적 키워드 파악 주목!

제74회 한능검의 경우 문무왕, 조선 세조 유형 등에서 **키워드를 단편적으로 읽은 수험생들이 실수 때문에 점수를 잃은 사례**가 다수 확인되었습니다.

→ **문제 질문을 비롯하여 제시문을 처음부터 끝까지 꼼꼼히 읽으며 문제 힌트를 종합적으로 파악하고, 기출 풀이 훈련을 하는 것을 권장**합니다.

유튜브 일정 check!

| 시험 D-21 | 해품사의 한능검 75회 예상유형 키워드 정리 |
| 시험 D-7 | 해품사의 75회 한능검 예상문제 저격특강 |

*강의 업로드 일정은 변경될 수 있습니다.

75회 대비 제74회 한능검 심화 총평

의도적인 함정과 까다로운 유형이 많이 배치되어 역대급으로 어려웠던 회차

1 난이도: 보통맛(상)

의도적인 함정과 까다로운 유형이 배치되어 매우 어려웠던 회차

- 의도적으로 함정을 유도한 문제가 다수 확인되었으며, 다른 회차에 비해 까다로운 킬러 유형이 많았던 회차입니다.
  ↳ 시대 통합형 유형에 더해 함정 키워드가 있는 문제들까지 있어 킬러 유형이 많았던 회차!

- 74회차는 한능검 급수 체계 개편 이후 회차 중 **역대 최하 합격률을 기록**하며 통계상 가장 어려운 회차로 판명되었습니다.
  ↳ 직전 회차인 73회차의 합격률이 높았던 영향으로 보임!

- 단편적으로 키워드를 읽을 경우 함정에 빠지기 쉬운 유형, 다른 회차에 비해 깊은 개념 이해 요구, 까다로운 사료의 활용 등 수험생들이 어렵다고 체감할 만한 요인이 많아 합격률이 하락한 것으로 보입니다.
  ↳ 22번의 경우 '기해년', '기년복', '목호룡의 고변'과 같은 고난도 키워드가 등장하여 시험의 체감 난도 상승!

- 하지만 예상유형 키워드 정리 영상과 『제74회 대비 예상문제 저격특강』 교재에서 **50문제 중 41문제가 연계**된 만큼, 기출 키워드를 꼼꼼히 공부했다면 점수 확보는 가능한 시험이었습니다.

> **결론**: 73회차가 상당히 쉬웠던 것을 감안하여, **일부 문제의 선지에서 의도적으로 함정을 유도하거나, 비교적 해석이 어려운 사료와 유형을 다수 출제**하여 합격이 상당히 어려웠던 회차!

---

2 유형 분포도

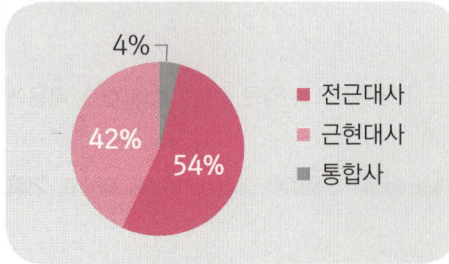

1) 전근대사 비중(54%): 1~27번
2) 근현대사 비중(42%): 28번, 30~49번
3) 통합사 비중(4%): 29번(근대 인물 유형)
   50번(우리나라의 역대 관리 선발 제도)

- 시대순으로 출제되었으며, 번호 꼼수를 활용하기 좋았던 모범 회차였습니다!
- 다른 회차에 비해 사회 파트 관련 유형의 출제 비중이 높은 편이었습니다!
- 다른 회차에 비해 단일 통합형 & 복합형 출제 비중이 높은 편이었습니다!
- 인물 유형의 경우 의외로 기출에서 자주 출제되었던 인물들이 재출제되었습니다!

저자직강
무료강의

오픈채팅
실시간 소통

3 제74회 오답 포인트 check!

1) 키워드를 단편적으로 읽으면 오답 함정에 빠져요! (6, 20번)

제74회 한능검에서는 6번(문무왕), 20번(조선 세조)처럼 키워드를 단편적으로 이해하면 오답을 고르기 쉬운 유형이 있었습니다. 6번의 경우 문무왕의 업적을 묻는 질문이었지만 '신문왕' 키워드만 보고 오답을 고른 사례가 속출했습니다. 20번 문제 역시 세조 관련 문제였지만 지문을 제대로 읽지 않고 '호패법' 키워드에만 집중하여 태종의 업적을 골라 틀린 경우가 많았습니다. 즉, 키워드의 종합적인 분석은 필수입니다!

2) 세부 키워드까지 암기하지 않으면 정답을 맞히기 어려워요! (28, 36번)

제74회 한능검의 28, 36번과 같은 유형들은 결정적인 키워드를 찾지 못하면 풀이가 어려운 유형이었습니다. 조미수호 통상 조약 관련 유형인 28번의 경우 '관세 부과 업무' 키워드를 찾지 못하면 정답을 고르지 못하는 문제였고, 3·1운동 관련 문항인 36번의 경우 '탑골 공원' 키워드를 찾지 못하면 정답을 유추하기 어려운 문제였습니다. 이처럼 세부 키워드까지 외워야 풀이가 가능한 문제가 출제되고 있으므로 주요 키워드 외에 세부 키워드까지 암기하는 것을 권장합니다!

3) 키워드를 시대 통합적으로 이해해야 고난도 문제를 맞힐 수 있어요! (29, 50번)

근대 인물과 관련된 역사적 사건들을 통합적으로 묻는 29번과 우리나라의 관리 선발 제도를 묻는 50번은 대표적인 시대 통합형 문제였습니다. 이렇게 난도가 높은 시험일수록 통합형 문제가 출제될 확률이 높기 때문에, 안정적인 합격권 점수를 받고 싶다면 여러 시대의 키워드를 주제별로 이해하며 암기하는 것을 추천합니다!

★50문제 중 41문제 적중★

*유튜브 [해품사 한능검 74회 심화편 예상 유형 키워드 정리] + 「2025 제74회 대비 해품사 예상문제 저격특강」 기준
*실제 시험 50문제 중 41문제(주제 키워드, 보기 사진, 선지 등)가 [제74회 대비 해품사 예상문제 저격특강 등 수록] 등 수록 내용과 일부 동일하거나 유사하게 출제되었습니다.

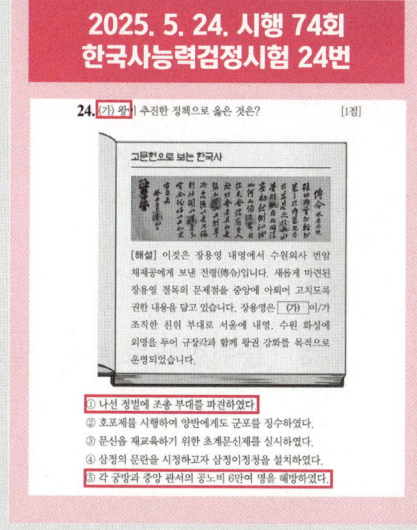

2025. 5. 24. 시행 74회
한국사능력검정시험 24번

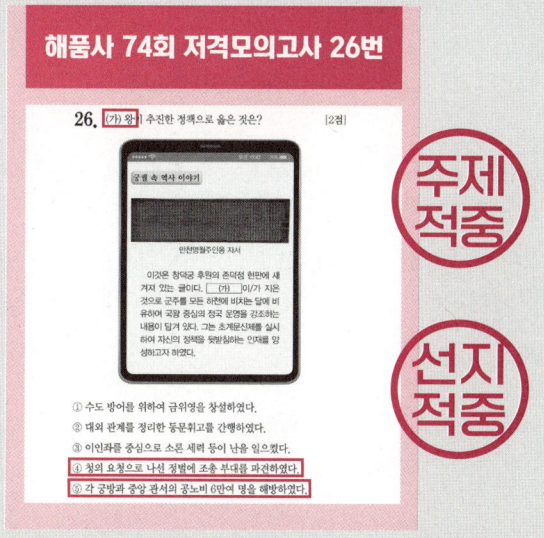

해품사 74회 저격모의고사 26번

당신이 생각한 만큼 가지 못했다고 절망하지 말아요.
여기까지 온 한 걸음 한 걸음이 다 목적지니까.

#나를위한위로 #나만의목적지

기출 분석 좋은~

한국사능력검정시험 [심화 1·2·3급]

해품사

▶ YouTube
해품사 한능검

75회 저격 모의고사

적중 키워드 50 + 모의고사 해설강의

시대에듀
합격력 끌어 올림!

저격키워드
#구석기 시대

 **해품사 예측 근거**

 쉽게 나올 경우	☑ **도구**: 뗀석기(예) 긁개, 슴베찌르개, 주먹도끼, 찍개 등) ☑ **생활상**: 동굴 및 막집에서 살았음 ☑ **유적지**: 공주 석장리(남한에서 최초로 발견된 구석기 유적지), 연천 전곡리	심화편 개편 이후 역대 한능검 기출에서는 사실상 1번 문제로 선사 시대의 생활상 유형을 출제하였습니다. 이 유형은 대체로 직전 회차에서 출제된 시대를 제외하고 다른 시대를 출제할 가능성이 높으며, 특히 직전 회차 기출에서 신석기 시대를 출제하였기 때문에, 구석기 또는 청동기 시대가 출제될 가능성이 높습니다. 특히 제72~73회에서 이미 청동기 시대가 2번 연속 출제되었기 때문에, 75회차에서는 구석기 시대가 출제될 가능성이 더욱 높을 것으로 예상됩니다.
 어렵게 나올 경우	☑ **생활상**: 사냥과 채집 및 이동 생활 ☑ **유적지**: 공주 석장리(남한에서 최초로 발견된 구석기 유적지), 연천 전곡리	
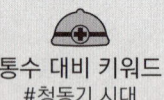 통수 대비 키워드 #청동기 시대	☑ **도구**: 비파형 동검, 거친무늬 거울, 미송리식 토기, 민무늬 토기, 반달 돌칼, 청동 방울 ☑ **생활상**: 벼농사 시작, 사유 재산 및 계급 발생 → 지배층의 무덤으로 고인돌 축조 ☑ **유적지**: 부여 송국리, 여주 흔암리	

→ *통수 대비 키워드란?
저격 키워드 대신 기습적으로 출제될 수 있는 유력 키워드로, 출제 확률이 높을 경우 수록됩니다.

📁 여기서 무조건 나온다! **저격 키워드 기출 선지** 싹 모음

선지
구석기 시대에는 주로 **동굴이나 바위 그늘**에서 살았다. (47, 48, 49, 50, 51, 52, 53, 55, 56, 57, 58, 59, 60, 61, 62, 63, 65, 66, 67, 68, 69, 70 ,71, 72, 73회)
구석기 시대에는 **주먹도끼, 찍개** 등의 **뗀석기**를 처음 제작하였다. (49, 57, 60, 69, 72, 73회)

🪖 통수 조심! **통수 대비 키워드 기출 선지** 싹 모음

선지
청동기 시대에는 지배층의 무덤으로 **고인돌**을 축조하였다. (48, 49, 51, 53, 54, 56, 61, 63, 65, 69, 70, 72, 74회)
청동기 시대에는 **반달 돌칼**을 이용하여 **벼**를 수확하였다. (50, 53, 55, 57, 59, 60, 62, 66, 68, 69, 73회)
청동기 시대에는 **비파형 동검**과 **청동 거울** 등을 제작하였다. (61, 67회)

저격키워드
#부여

쉽게 나올 경우
- 관직: 마가·우가·저가·구가 → 사출도 관할
- 풍습: 순장, 영고(제천 행사)

어렵게 나올 경우
- 제도: 1책 12법
- 풍습: 우제점법, 형사취수제

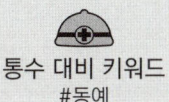

통수 대비 키워드
#동예
- 지배층: 읍군 및 삼로(*옥저도 해당됨)
- 풍습: 무천(제천 행사), 족외혼, 책화(다른 부족의 경계 침범 시 소나 말 등으로 배상)
- 특산물: 단궁·과하마·반어피

 **해품사 예측 근거**

한능검은 첫 페이지에서 선사 시대의 생활상 유형을 출제한 뒤, 다음 유형으로 고조선 또는 여러 국가의 형성과 관련된 사례를 출제할 가능성이 매우 높습니다. 단, 고조선 유형보다는 여러 국가(예 부여, 고구려, 옥저, 동예, 삼한)의 특징과 관련된 유형이 출제된 사례가 압도적으로 많으며, 특히 직전 회차에서 이미 고조선이 출제되었기 때문에 연속으로 고조선이 출제될 가능성이 낮다고 판단됩니다. 그러므로 역대 기출 경향을 통해 가장 출제 빈도가 높은 부여 관련 키워드를 우선적으로 공략하는 것을 권장하며, 이 외에 최근 기출 경향을 고려하여 출제될 가능성이 있는 동예와 관련된 사실을 추가적으로 암기하는 것을 권장합니다.

→ *통수 대비 키워드란?
저격 키워드 대신 기습적으로 출제될 수 있는 유력 키워드로, 출제 확률이 높을 경우 수록됩니다.

📁 여기서 무조건 나온다! 저격 키워드 기출 선지 싹 모음

선지
부여는 여러 가(加)들이 각각 사출도를 주관하였다. (49, 50, 53, 54, 55, 57, 60, 61, 62, 63, 65, 66, 68, 69, 70, 71, 72, 73, 74회)
부여는 영고라는 제천 행사를 열었다. (47, 48, 50, 51, 56, 64, 67회)

⛑ 통수 조심! 통수 대비 키워드 기출 선지 싹 모음

선지
동예는 무천이라는 제천 행사를 즐겼다. (59, 63, 67, 70회)
동예는 읍락 간의 경계를 중시하는 책화가 있었다. (47, 48, 51, 53, 54, 56, 58, 60, 62, 64, 65, 69, 71, 74회)
동예는 특산물로 단궁, 과하마, 반어피가 유명하였다. (49, 55, 56, 60, 61, 68, 74회)

저격키워드
#고구려 소수림왕

- **정책**: 태학 설립(국립 교육 기관), 율령 반포

- **정책**: 불교 수용(중국 전진의 순도가 전파)

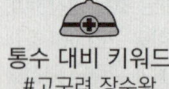

통수 대비 키워드
#고구려 장수왕

- **정책**: 광개토 대왕릉비 및 충주 고구려비 건립, 평양 천도(427) 및 남진 정책 추진
- **외교**: 백제 한성 함락(475-백제 개로왕 살해)

 **해품사 예측 근거**

고대 시대에서 가장 먼저 공략할 필요가 있는 유형은 삼국 시대의 대표적인 왕의 업적입니다. 이 유형의 경우 고구려의 소수림왕, 광개토 대왕, 장수왕, 백제의 근초고왕, 무령왕, 성왕, 신라의 지증왕, 법흥왕, 진흥왕을 우선적으로 공략할 필요가 있습니다. 특히 최근 회차에서 고구려의 광개토 대왕, 백제의 성왕, 신라의 진흥왕과 관련된 사례가 이미 출제되었으므로, 다른 대표적인 왕의 업적들을 공략하는 것을 권장합니다.

***통수 대비 키워드란?**
저격 키워드 대신 기습적으로 출제될 수 있는 유력 키워드로, 출제 확률이 높을 경우 수록됩니다.

📁 여기서 무조건 나온다! 저격 키워드 기출 선지 싹 모음

선지
소수림왕은 전진의 승려 순도를 통해 **불교를 수용**하였다. (60, 65, 70회)
소수림왕은 **태학을 설립**하여 인재를 양성하였다. (56, 61, 68회)
소수림왕은 **율령을 반포**하였다. (62, 64, 68회)

⛑ 통수 조심! 통수 대비 키워드 기출 선지 싹 모음

선지
장수왕은 도읍을 국내성에서 평양으로 **천도**하였다. (56, 60, 62, 66, 68, 70, 72회)

저격키워드
#백제 무령왕

why? 해품사 예측 근거

쉽게 나올 경우

- ✓ **정책:** 22담로에 왕족 파견
- ✓ **문화유산:** 무령왕릉 축조(중국 남조 양나라와의 교류 증거, 삼국 시대 고분 중 피장자 및 축조 연대 유일 확인)

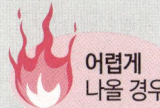
어렵게 나올 경우

- ✓ **정책:** 백가의 난 진압

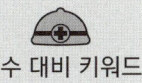
통수 대비 키워드
#백제 성왕

- ✓ **정책:** 사비 천도 및 국호를 남부여로 변경, 중앙 관제 22부 정비, 통치 조직 5부 5방 체제 정비, 진흥왕과 연합하여 한강 유역 일시 회복
- ✓ **외교:** 관산성 전투(구천 인근)에서 진흥왕의 군대에 의해 전사

고대 시대에서 가장 먼저 공략할 필요가 있는 유형은 삼국 시대의 대표적인 왕의 업적입니다. 이 유형의 경우 고구려의 소수림왕·광개토 대왕·장수왕, 백제의 근초고왕·무령왕·성왕, 신라의 지증왕·법흥왕·진흥왕을 우선적으로 공략할 필요가 있습니다. 특히 최근 회차에서 고구려의 광개토 대왕, 백제의 성왕, 신라의 진흥왕과 관련된 사례가 이미 출제되었으므로, 다른 대표적인 왕의 업적을 공략하는 것을 권장합니다.

→ *****통수 대비 키워드란?**
저격 키워드 대신 기습적으로 출제될 수 있는 유력 키워드로, 출제 확률이 높을 경우 수록됩니다.

 여기서 무조건 나온다! 저격 키워드 기출 선지 싹 모음

선지
무령왕은 22담로에 왕족을 파견하였다. (49, 50, 52, 54, 55, 56, 57, 58, 59, 60, 62, 66, 68, 70, 74회)
무령왕은 중국 남조의 양과 교류하였다. (53, 69회)

 통수 조심! 통수 대비 키워드 기출 선지 싹 모음

선지
성왕은 사비로 천도하고 국호를 남부여로 개칭하였다. (53, 57, 59, 61, 64, 67, 73, 74회)
성왕은 진흥왕과 연합하여 한강 하류 지역을 되찾았다. (50, 64, 69회)

제75회 5번 저격키워드

#가야의 특징

쉽게 나올 경우
- ✓ 왕: 김수로왕(금관가야 건국)
- ✓ 경제 상황: 덩이쇠(수출용 쇠판, 화폐로도 사용), 철의 생산량이 높음 → 낙랑 및 왜 등에 수출
- ✓ 고분: 김해 대성동(금관가야), 고령 지산동(대가야)

어렵게 나올 경우
- ✓ 왕: 이진아시왕(대가야 건국)
- ✓ 멸망 과정: 금관가야(신라 법흥왕 때 멸망), 대가야(신라 진흥왕 때 멸망)

 **why?** 해품사 예측 근거

가야는 고대 국가 중 한 해에 최소 1~2번은 무조건 출제되는 빈출 키워드라고 할 수 있습니다. 올해 기출 중 제73회에서 이미 한 번 출제되었기 때문에, 역대 기출 경향에 따르면 75회차 또는 76회차에 한 번 더 출제될 가능성이 있다고 판단됩니다.

📁 여기서 무조건 나온다! 저격 키워드 기출 선지 싹 모음

선지
가야는 철이 많이 생산되어 낙랑, 왜 등에 수출하였다. (50, 52, 56, 57, 58, 59, 63, 68회)
가야는 덩이쇠를 화폐처럼 사용하였다. (51, 62, 72회)
금관가야는 법흥왕 때 신라에 복속되었다. (57, 58, 60, 71회)
대가야는 진흥왕 때 신라에 복속되었다. (73, 74회)

저격키워드
#삼국 통일 과정

쉽게 나올 경우

신라의 삼국 통일 과정 관련 전반적인 사건 흐름 파악 필수
- ☑ 대야성 전투(윤충, 의자왕) → 김춘추, 보장왕에게 군사 요청(죽령, 마목현 등 옛 땅 요구) → 나당 동맹(648-김춘추와 당 태종 사이 동맹 체결) → 황산벌 전투(계백) → 사비성 함락 → 백제 멸망 → 백제 부흥 운동 → 고구려 멸망(평양성 함락) → 고구려 부흥 운동 → 매소성 전투·기벌포 전투

어렵게 나올 경우

삼국 통일 과정 관련 세부적인 키워드 암기 필수
- ☑ **백제와 고구려 멸망 이후 상황**: 백제-웅진 도독부 설치, 고구려-안동 도호부 설치
- ☑ **백제 부흥 운동**: 흑치상지, 도침, 복신(흑도복) 등의 활동 및 부여풍 왕 추대 → 백강 전투(왜의 군대와 연합)
- ☑ **고구려 부흥 운동**: 고연무, 검모잠, 안승(고검안) 등의 활동 → 보덕국 건립(신라의 지원)

해품사 예측 근거

신라의 삼국 통일 과정 유형은 고대 시대의 대표적인 빈출 주제인 동시에, 흐름형 유형으로 자주 출제되기 때문에 난도가 높은 편입니다. 그러나 암기한 만큼 점수가 반드시 보장되는 유형이므로, 삼국 통일 과정에 대한 전반적인 흐름과 더불어 세부 키워드를 반드시 암기하는 것을 권장합니다. 특히 75회차의 경우 지난 회차들의 경향을 고려하여 백제 및 고구려의 부흥 운동을 우선적으로 살펴보는 것을 권장합니다.

📁 여기서 무조건 나온다! 저격 키워드 기출 선지 싹 모음

선지
의자왕은 윤충을 파견하여 **대야성을 함락**하였다. (58, 60, 61, 64, 65, 67, 69, 70, 71회)
김춘추가 당과의 군사 동맹을 성사시켰다. (58, 61, 62, 64, 65, 72, 74회)
계백이 이끄는 군대가 황산벌에서 항전하였다. (55, 58, 60, 61, 65, 68, 69, 72, 74회)
복신과 도침이 부여풍을 왕으로 추대하였다. (48, 49, 52, 58, 62, 68, 72, 73회)
부여풍이 백강에서 왜군과 함께 당군에 맞서 싸웠다. (52, 59, 61, 67회)
안승이 신라의 지원을 받아 **보덕국의 왕으로 임명**되었다. (52, 58, 59, 60, 61, 64, 67, 68, 70, 71, 74회)
신라군이 기벌포에서 당군에 승리하였다. (58, 62, 64, 66, 72회)

저격키워드
#통일 신라의 경제 상황

쉽게 나올 경우
- ☑ 무역항: 당항성, 울산항
- ☑ 외교: 장보고의 청해진 설치 및 당나라 내 법화원 설치
- ☑ 토지 문서: 민정 문서(촌락 문서) → 조세 수취 및 노동력 동원을 위한 목적으로 작성

어렵게 나올 경우
- ☑ 시장: 서시 및 남시

 **해품사 예측 근거**

통일 신라의 경제 상황은 고대에서 일 년에 최소 한 번 정도는 출제되는 대표적인 빈출 키워드입니다. 특히 다른 국가에 비해 경제 관련 파트가 자주 출제되기 때문에 반드시 공략하는 것을 권장합니다.

📁 **여기서 무조건 나온다! 저격 키워드 기출 선지 싹 모음**

선지
통일 신라는 울산항, 당항성이 무역항으로 번성하였다. (49, 56, 59, 61, 63, 64, 72회)
통일 신라는 수도에 서시와 남시를 설치하였다. (69회)
통일 신라는 조세 수취를 위해 3년마다 촌락 문서를 작성하였다. (54, 58회)

저격키워드
#최치원

- **활동**: 「격황소서(토황소격문)」, 당나라 빈공과 합격, 진성 여왕에게 「시무책 10여 조」 진상
- **특징**: 6두품 출신

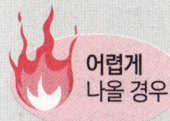
- **활동**: 『계원필경』 저술, 「해인사 묘길상탑기」 저술

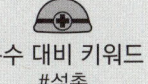
통수 대비 키워드
#설총
- **특징**: 원효의 아들
- **활동**: 이두 집대성(한자의 훈과 음을 차용한 표기법), 「화왕계」 작성

해품사 예측 근거

최치원은 역대 기출에서 최소 일 년에 한 번씩은 반드시 언급된 대표적인 고대의 빈출 인물입니다. 특히 신라 하대의 인물인 장보고가 직전 회차에 이미 출제되었기 때문에 75회차에 최치원이 출제될 확률이 더 높아졌습니다. 고대의 인물 유형을 더 확실하게 공략하고 싶다면, 통일 신라의 다른 대표적인 인물인 설총까지 함께 파악할 것을 권장합니다.

*통수 대비 키워드란?
저격 키워드 대신 기습적으로 출제될 수 있는 유력 키워드로, 출제 확률이 높을 경우 수록됩니다.

📁 여기서 무조건 나온다! 저격 키워드 기출 선지 싹 모음

선지
최치원은 **격황소서**를 지어 문장가로서 이름을 떨쳤다. (70, 74회)
최치원은 진성 여왕에게 **시무책 10여 조**를 올렸다. (52, 58, 62, 63, 64, 65회)

🎯 통수 조심! 통수 대비 키워드 기출 선지 싹 모음

선지
설총은 국왕에게 조언하는 내용인 **화왕계**를 집필하였다. (51, 63, 65, 70회)
설총은 한자의 음과 훈을 차용한 **이두**를 체계적으로 정리하였다. (52, 57, 62회)

#발해

 **쉽게 나올 경우**

- **기구**: 문적원(문서 관리), 주자감(교육 기관), 중정대(감찰 기구)
- **제도**: 3성 6부제(중앙 행정 제도, 선조성·정당성·중대성 구성), 5경 15부 62주(지방 행정 제도)
- **외교**: 거란도·영주도·신라도 등을 통해 교류함, 솔빈부의 말이 특산품으로 유명함
- **문화유산**: 대형 치미, 발해 석등, 연꽃무늬 수막새, 정혜 공주 묘 돌 사자상, 영광탑, 이불병좌상

 **어렵게 나올 경우**

- **대조영(초대)**: 동모산에서 발해 건국
- **제2대 무왕(연호 인안)**: 장문휴를 파견하여 당의 등주(산둥 반도) 공격, 흑수 말갈 정벌
- **제3대 문왕(연호 대흥)**: 중경 현덕부 → 상경 용천부 천도, 3성 6부제 정비, 철리부 등 동북방 말갈 복속
- **제10대 선왕(연호 건흥)**: 5경 15부 62주 정비, 전성기 때 중국으로부터 해동성국으로 불림

 **해품사 예측 근거**

발해는 매번 출제되는 고대의 대표적인 빈출 국가입니다. 그만큼 출제할 수 있는 키워드가 상당히 많기 때문에 크게 나누어 국가 사실 유형, 대표 왕 업적 유형, 문화유산 유형을 공략할 필요가 있습니다. 단, 최근 출제 경향을 고려할 때 문화유산 또는 경제 상황과 관련된 힌트를 주로 제시하였기 때문에, 75회차의 경우 국가 관련 전반적 사실 또는 대표 왕 업적 관련 키워드를 언급할 가능성이 높습니다.

📁 여기서 무조건 나온다! 저격 키워드 기출 선지 싹 모음

선지
발해는 거란도, 영주도, 신라도 등을 통해 주변 국가와 교류하였다. (47, 53, 55, 63, 64, 73회)
발해는 솔빈부의 말을 특산물로 거래하였다. (48, 53, 54, 58, 59, 61, 62, 63, 65, 67, 69, 70, 72회)
발해는 유학 교육 기관으로 주자감을 설치하여 인재를 양성하였다. (47, 49, 52, 57, 58, 59, 60, 62, 64, 66, 67, 73회)
발해는 5경 15부 62주의 지방 행정 제도를 갖추었다. (51, 54, 56, 59, 63, 70회)
발해의 왕은 인안, 대흥 등 독자적인 연호를 사용하였다. (53, 65, 73회)
대조영은 고구려 유민을 모아 동모산에서 나라를 세웠다. (61, 63회)
발해 무왕은 장문휴를 보내 등주를 공격하였다. (61회)
발해 문왕은 수도를 상경 용천부로 옮겨 체제를 정비하였다. (63회)
발해 선왕은 5경 15부 62주의 지방 행정 조직을 확립하였다. (63회)

저격키워드

#견훤

쉽게 나올 경우

- ✓ **출신 및 건국**: 상주 가은현 출신 → 완산주(전주)에서 후백제 건국
- ✓ **외교 및 전투**: 후당 및 오월에 사신 파견
- ✓ **가족**: 신검에 의해 금산사에 유폐됨

 **해품사 예측 근거**

후삼국 시대와 관련된 유형은 최근 출제 비중이 이전보다 조금 감소하였으나, 여전히 고대의 마지막~고려 시대를 연결하는 유형으로서 출제율이 낮지 않습니다. 특히 직전 회차에서 후삼국의 통일 과정이 흐름형 유형으로 이미 출제되었기 때문에, 75회차에는 후삼국과 관련된 특정 인물의 업적 유형에 더욱 주목하는 것을 권장합니다.

어렵게 나올 경우

- ✓ **전투**: 신라를 습격하여 경애왕 피살, 공산 전투 승리 및 고창 전투 패배

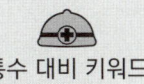

통수 대비 키워드
#궁예

- ✓ **출신 및 건국**: 신라 왕족 출신 → 승려(법호 선종)로 활동 → 양길 휘하에서 성장 → 송악(개성)에서 후고구려 건국
- ✓ **국호·수도·연호**: 마진 → 태봉(국호), 송악 → 철원(수도), 무태(연호)
- ✓ **정치 체제**: 최고 중앙 관서 광평성 체제 정비, 미륵불 자처를 통한 전제 권력 강화

→ *통수 대비 키워드란?
저격 키워드 대신 기습적으로 출제될 수 있는 유력 키워드로, 출제 확률이 높을 경우 수록됩니다.

📁 **여기서 무조건 나온다!** 저격 키워드 기출 선지 싹 모음

선지
견훤은 공산 전투에서 고려군에 대승을 거두었다. (47, 57회)
견훤은 신라의 금성을 습격하여 경애왕을 피살하였다. (50, 55, 61회)
견훤은 금산사에 유폐된 후 고려에 귀부하였다. (49회)
견훤은 후당 및 오월에 사신을 파견하였다. (49, 50, 52, 54, 60, 62, 63, 64, 66, 73회)

🎓 **통수 조심!** 통수 대비 키워드 기출 선지 싹 모음

선지
궁예는 광평성 등의 정치 기구를 두었다. (47, 50, 52, 55, 57, 59, 60, 64, 65, 66, 67, 70, 72, 73, 74회)
궁예는 국호를 태봉으로 바꾸었다. (53, 58, 70회)
궁예는 미륵불을 자처하며 왕권을 강화하였다. (61회)
후고구려는 마진이라는 국호와 무태라는 연호를 사용하고 철원으로 천도하였다. (47, 49, 50, 54, 55, 63)

#고려 성종

- **정책**: 최승로의 「시무 28조」 건의, 12목 설치(외관 파견)
- **기구**: 국자감(국립 교육 기관)

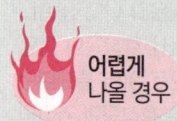
- **정책**: 경학박사 및 의학박사 파견, 향리제 실시
- **기구**: 상평창(물가 조절 기구), 의창(기존의 흑창 개편)

통수 대비 키워드
#왕건
- **후삼국 통일 관련 역사적 사실**: 개태사 설립, 공산 전투 패배 및 고창 전투 승리
- **정책**: 기인 제도, 사심관 제도, 사성 정책(왕실의 성씨 하사), 역분전 지급, 천수 연호 사용, 흑창 설치, 발해 유민 포용 → 이후 거란을 적대시하며 만부교 사건 주도
- **기타**: 『정계』 및 『계백료서』, 「훈요 10조」

해품사 예측 근거

고려 전기 왕 업적 유형은 고려 시대의 대표적인 빈출 유형으로, 크게 왕건, 광종, 성종의 업적 유형을 출제하거나, 고려 전기에 재위한 왕의 업적을 흐름형 유형으로 출제합니다. 특히 최근 회차에서 이미 왕건과 광종이 출제되었기 때문에 75회차에는 고려 성종에 주목하는 것을 권장합니다.

*통수 대비 키워드란?
저격 키워드 대신 기습적으로 출제될 수 있는 유력 키워드로, 출제 확률이 높을 경우 수록됩니다.

📁 여기서 무조건 나온다! 저격 키워드 기출 선지 싹 모음

선지
고려 성종 때 국립 교육 기관인 국자감을 설치하였다. (68회)
고려 성종 때 전국에 12목을 설치하고 관리를 파견하였다. (49, 53, 54, 56, 57, 61, 62, 67, 69, 70, 73회)
고려 성종 때 최승로가 왕에게 시무 28조를 올렸다. (48, 50, 53, 58, 60, 62, 63, 66, 68, 69회)

통수 조심! 통수 대비 키워드 기출 선지 싹 모음

선지
왕건은 개국 공신에게 역분전을 지급하였다. (50, 53, 65, 72회)
왕건은 기인 제도와 사심관 제도를 시행하였다. (67, 69회)
왕건 때 빈민 구제 기관인 흑창이 처음 설치되었다. (49, 54, 59, 60, 61, 62, 64, 67, 68, 69, 74회)
왕건 때 정계와 계백료서를 지어 관리의 규범을 제시하였다. (53, 54, 55, 58, 63, 64, 66, 70, 72, 73회)
왕건은 후대 왕들이 지켜야 할 정책 방향을 담은 훈요 10조를 남겼다. (67, 69회)

저격키워드
#무신 정권

 쉽게 나올 경우
- 이의방과 정중부: 무신 정변 주도
- 최충헌: 교정도감 설치(교정별감 즉위), 명종에게 「봉사 10조」 건의
- 최우: 강화 천도 단행(대몽 항쟁), 정방 설치, 서방 설치, 야별초 조직(삼별초의 기원)

 어렵게 나올 경우
- 무신 정권 시기의 대표 반란 흐름: 이의방 정권(김보당의 난과 조위총의 난) → 정중부 정권(망이·망소이의 난) → 이의민 정권(김사미·효심의 난) → 최충헌 정권(만적의 난과 최광수의 난) → 최우(이연년 형제의 난) → 무신 정권 종결 이후(삼별초의 항쟁)

 해품사 예측 근거

무신 정권은 고려 시대의 대표적인 정치 파트 빈출 유형으로, 크게 무신 정권과 관련된 전반적인 사실 유형 또는 인물 유형을 중심으로 출제합니다. 특히 사실 유형을 출제할 경우 무신 정권 시기에 발생한 반란 사례를 주요 키워드로 제시하므로, 집권자별로 발생한 대표 반란 사례를 구별하는 것이 중요합니다.

 여기서 무조건 나온다! 저격 키워드 기출 선지 싹 모음

선지
이의방 정권 때 **김보당**이 **의종 복위를 주장**하며 **난**을 일으켰다. (52, 56, 60, 61, 64, 66, 69, 72회)
이의방 정권 때 서경유수 **조위총**이 **정중부 타도**를 주장하며 반란을 일으켰다. (61, 64, 67, 70회)
정중부 정권 때 **망이·망소이의 난** 등 하층민의 봉기가 발생하였다. (55, 59, 60, 62, 64, 66, 67, 68, 69, 71, 73회)
최충헌 정권 때 **만적**이 개경에서 노비를 모아 반란을 모의하였다. (47, 49, 55, 59, 61, 62, 70, 71, 73회)
최충헌 정권 때 국정을 총괄하는 기구로 **교정도감**이 설치되었다. (50, 51, 55, 59, 60, 62, 67, 69, 72회)
최충헌은 **봉사 10조**를 국왕에게 올렸다. (49, 51, 52, 56, 57, 59, 64, 66, 71, 72, 73회)
최우는 인사 행정 담당 기구로 **정방**을 설치하였다. (49, 51, 63, 64회)

제75회 13번 저격키워드 #몽골

쉽게 나올 경우

- ✓ **침략 및 대응 과정**: 저고여 피살 사건(침입 계기) → 박서의 귀주성 전투(제1차) → 최우의 강화 천도(제2차 직전) → 김윤후의 처인성 전투(제2차) → 송문주의 죽주 산성 전투, 황룡사 구층 목탑 소실(제3차) → 김윤후의 충주 산성 전투(제5차) → 충주 다인철소 주민들의 항쟁(제6차) → 개경 환도(정부의 대몽 항쟁 종결)→ 삼별초의 항쟁 지속(대몽 항쟁 종결 이후)
- ✓ **이와 관련 역사적 사실**: 『팔만대장경』 조성(몽골 침략 방어 염원)

어렵게 나올 경우

고려의 외세 방어 흐름 연계
- ✓ 거란 → 여진 → 몽골 → 홍건적 → 왜구

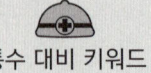
통수 대비 키워드 #여진

- ✓ **여진 정벌**: 윤관의 건의로 별무반 조직(숙종-신기군, 신보군, 항마군 구성) → 여진 정벌 및 동북 9성 축조와 반환(예종)
- ✓ **금나라**: 예종 때 여진의 금나라 건국 → 인종 때 이자겸이 금의 사대 요구 수용 → 묘청과 정지상 등 서경 천도 운동 주도 및 금국 정벌 주장

→ *통수 대비 키워드란?
저격 키워드 대신 기습적으로 출제될 수 있는 유력 키워드로, 출제 확률이 높을 경우 수록됩니다.

why? 해품사 예측 근거

고려의 외세 방어 유형은 고려 시대의 대표적인 외교 관련 빈출 유형으로, 특정 외세 대응 사례를 묻는 사실형 유형을 출제하거나, 전반적인 외세 방어와 관련된 흐름형 유형을 출제합니다. 특히 최근 회차에 거란 및 왜구에 대한 고려의 대응 유형이 출제되었으므로, 75회차의 경우 여진 또는 몽골에 대한 고려의 대응 유형에 주목하는 것을 권장합니다.

📁 여기서 무조건 나온다! 저격 키워드 기출 선지 싹 모음

선지
최우가 강화도로 도읍을 옮겨 몽골에 항전하였다. (53, 54, 58, 59, 61, 63, 65, 69, 71, 74회)
몽골의 제2차 침입 때 김윤후가 처인성에서 살리타를 사살하였다. (51, 54, 57, 59, 62, 64, 70회)
몽골의 제3차 침입 때 송문주가 죽주 산성에서 적군을 격퇴하였다. (66회)
몽골의 제6차 침입 때 다인철소 주민들이 충주에서 몽골군에 항전하였다. (62회)

🎯 통수 조심! 통수 대비 키워드 기출 선지 싹 모음

선지
여진에 대응하기 위해 신기군, 신보군, 항마군으로 구성된 별무반을 창설하였다. (47, 48, 51, 52, 55, 56, 60, 63, 68, 70, 71, 73회)
윤관을 보내 여진을 정벌한 뒤 동북 9성을 개척하였다. (47, 49, 53, 54, 56, 58, 61, 65, 66, 69, 72, 73회)

저격키워드
#원 간섭기의 사회상

- **영토 상실:** 쌍성총관부 설치(화주-함경남도 영흥)
- **원나라의 간섭:** 변발 및 호복 유행, 정동행성 설치
- **대표 인물:** 김방경(삼별초의 난 진압, 원과 함께 일본 원정 지휘)
- **기타:** 『농상집요』

- **영토 상실:** 동녕부(평양) 및 탐라총관부(제주도) 설치
- **원나라의 간섭:** 중서문하성 및 상서성을 첨의부로 병합, 결혼도감 설치(공녀 징발), 권문세족의 도평의사사를 통한 권력 장악 (예) 기철)
- **대표 인물:** 제국 대장 공주(충렬왕과 혼인)

 **해품사 예측 근거**

원 간섭기의 사회상 유형은 고려 시대의 대표적인 빈출 사회 파트로, 한능검 급수 체계 개편 이후 일 년에 최소 1~2번은 무조건 출제될 정도로 자주 언급되는 주제입니다. 이 유형은 원 간섭기 이전의 역사적 사실과 혼동하지 않도록 관련 키워드를 정확히 암기하는 것이 중요합니다.

 여기서 무조건 나온다! 저격 키워드 기출 선지 싹 모음

선지
원 간섭기에는 공녀를 보내기 위해 결혼도감을 설치하였다. (59회)
원 간섭기에는 권문세족이 도평의사사를 장악하였다. (47, 72회)
원 간섭기에는 일본 원정을 위해 정동행성을 설치하였다. (49, 54, 60, 61, 67, 68, 70, 73회)
원 간섭기에는 중국 화북 지방의 농법을 소개한 농서인 농상집요가 소개되었다. (50, 53, 74회)
원 간섭기에는 중서문하성과 상서성이 첨의부로 개편되었다. (50회)
원 간섭기에는 지배층을 중심으로 변발과 호복이 유행하였다. (59, 62, 68, 69, 70회)

저격키워드
#고려의 경제 상황

 쉽게 나올 경우
- ✅ 화폐: 건원중보(성종), 해동통보(숙종), 활구(숙종)
- ✅ 무역항: 예성강 하류 항구 벽란도(개경 인근에 위치)
- ✅ 시장 감독 기구: 경시서

 어렵게 나올 경우
- ✅ 기구: 주전도감(화폐 주조)
- ✅ 상점: 서적점, 다점 등의 관영 상점
- ✅ 토지 제도: 전시과(전지 및 시지 지급)

 해품사 예측 근거

고려의 경제 상황 유형은 거의 매 회차 출제되는 대표적인 경제 파트의 빈출 유형입니다. 특히 이 유형은 반복되는 정답 키워드만 암기하더라도 매우 쉽게 풀이할 수 있기 때문에 점수 확보를 위해 반드시 공략할 필요가 있습니다.

 여기서 무조건 나온다! 저격 키워드 기출 선지 싹 모음

선지
고려 시대에는 **경시서**의 관리들이 시전의 상행위를 감독하였다. (49, 53, 57, 59, 60, 61, 64, 66, 70회)
고려 시대에는 관리에게 **전지와 시지**를 지급하였다. (53, 63회)
고려 시대에는 **예성강** 하구의 **벽란도**가 국제 무역항으로 번성하였다. (49, 50, 51, 53, 56, 58, 62, 63, 64, 66, 70, 71, 73, 74회)
고려 시대에는 서적점, 다점 등의 **관영 상점**을 운영하였다. (63, 66, 69, 72회)
고려 시대에는 **주전도감**을 설치하여 **해동통보**를 발행하였다. (50, 53, 54, 59, 60, 61, 62, 64, 65, 66, 67, 69, 72, 73, 74회)
고려 시대에는 철전인 **건원중보**를 주조하였다. (48, 53, 56, 59, 62, 63, 72회)
고려 시대에는 **활구**라고 불리는 **은병**이 유통되었다. (47, 49, 51, 53, 55, 58, 59, 61, 63, 65, 66, 72회)

저격키워드
#고려 멸망과 조선 건국

쉽게 나올 경우

☑ **고려의 멸망 및 조선의 건국**: 명나라의 철령 이북 땅 요구 및 철령위 설치 통보 → 우왕과 최영의 요동 정벌 추진 및 이성계 출정 → 이성계가 4불가론을 내세우며 반대하고, 압록강에서 위화도 회군 단행 → 개경 내 최영의 군대를 제압하고 권력 장악 → 조준 등의 건의로 과전법 제정 → 이방원의 부하에 의해 선죽교에서 정몽주 피살 → 고려 멸망 및 조선 건국

해품사 예측 근거

고려 멸망 및 조선의 건국유형은 고려 시대의 대표적인 흐름형 유형으로, 이 유형의 출제 빈도가 낮았던 최근 기출 경향상 오랜만에 출제될 가능성을 고려할 필요가 있습니다. 이 유형은 거의 흐름형 유형으로 출제되기 때문에, 빈출 사건의 순서 파악이 필수적입니다.

어렵게 나올 경우

고려 말 새로운 세력 성장 주목!

☑ **신진 사대부의 성장**: 안향의 성리학 국내 도입 → 공민왕 때 이색 성균관 대사성 임명 → 정도전, 정몽주 등 신진 사대부 성장

☑ **신흥 무인 세력의 성장**: 홍건적 및 왜구 등 외세 침입 심화 → 이성계(황산 대첩) 및 최영(홍산 대첩) 등 신흥 무인들이 활동하기 시작

📁 **여기서 무조건 나온다!** 저격 키워드 기출 선지 싹 모음

선지
경기에 한하여 과전법이 실시되었다. (58, 66, 68, 71, 73회)
이성계가 위화도에서 회군하여 정권을 장악하였다. (51, 55, 56, 65, 66회)
철령위 설치에 반발해 요동 정벌을 추진하였다. (54, 60, 61, 64, 70, 71, 72회)

#고려의 관학 진흥책

- ✓ **배경**: 문종 재위 당시 최충의 문헌공도(9재 학당) 건립 → 사학 12도 융성으로 인해 국자감의 관학 교육이 위축됨
- ✓ **관학 진흥책 사례**: 양현고(예종, 국자감 내 장학 재단), 7재(예종, 국자감 내 전문 강좌)

- ✓ **관학 진흥책 사례**: 서적포(숙종, 국자감 내 출판부), 청연각 및 보문각(예종, 궁중 도서관 및 경연 기구), 경사 6학(인종, 국자감의 교육 제도)

 해품사 예측 근거

고려의 관학 진흥책 유형은 고려 시대의 대표적인 문화 파트로, 한능검 급수 체계 개편 이후 최근 1년에 한 번 정도는 반복적으로 출제되기 때문에 주목하는 것을 권장합니다. 특히 이 유형은 문제 키워드 및 정답 키워드가 상당히 고정적이기 때문에 빈출 키워드만 파악하면 쉽게 공략할 수 있습니다.

 여기서 무조건 나온다! 저격 키워드 기출 선지 싹 모음

선지
최충은 **9재 학당**을 설립하여 유학 교육에 힘썼다. (51, 52, 55, 56, 59, 62, 65, 66, 67, 68, 70, 72회)
숙종 때 국자감에 **서적포**를 두어 출판을 담당하게 하였다. (53, 56, 68회)
예종 때 국자감에 전문 강좌인 **7재**를 개설하였다. (48, 50, 54, 55, 56, 62, 64, 67, 71, 72회)
예종 때 장학 기금 마련을 위해 **양현고**를 설치하였다. (49, 50, 57, 58, 59, 61, 63, 65, 67, 69, 72회)
예종 때 **청연각과 보문각**을 설치하여 학문 연구를 장려하였다. (54, 67, 68, 73회)

저격키워드

#고려의 문화유산

쉽게 나올 경우

- ☑ **건축물**: 영주 부석사 무량수전, 안동 봉정사 극락전, 예산 수덕사 대웅전
- ☑ **불상**: 논산 관촉사 석조 미륵보살 입상, 안동 이천동 마애여래 입상, 파주 용미리 마애이불입상
- ☑ **탑**: 월정사 팔각 구층 석탑, 경천사지 십층 석탑

어렵게 나올 경우

- ☑ **불상**: 영주 부석사 소조 여래 좌상, 하남 하사창동 철조 석가여래 좌상
- ☑ **기타 문화유산**: 수월관음도, 나전 국화 넝쿨무늬 합, 상감청자, 청동 은입사 포류수금문 정병

why? 해품사 예측 근거

최근 한능검에서는 다른 시대보다 고려 시대의 문화유산을 종합적으로 파악하는 유형을 더 자주 출제하였습니다. 즉 '고려 시대의 문화유산 사례로 옳지 않은 것은?'과 같은 유형을 자주 출제하였기 때문에, 이번 회차에도 고려 시대의 대표 문화유산을 일부 공략하는 것을 권장합니다.

📁 **여기서 무조건 나온다!** 저격 키워드 기출 선지 싹 모음

논산 관촉사 석조 미륵보살 입상	경천사지 십층 석탑

해품사 암기팁! 눈을 뜨고 있는 큰 불상 기억!	해품사 암기팁! 원 간섭기의 암울한 어두운 색 기억!

저격키워드
#조선 성종

쉽게 나올 경우
- ✅ **기록 유산**: 『경국대전』(법전), 『국조오례의』(예법서), 『동국여지승람』(지리서), 『동국통감』(역사서, 고조선~고려 말 역사 서술), 『동문선』(시문집), 『악학궤범』(음악)

어렵게 나올 경우
- ✅ **정책**: 관수관급제 실시, 홍문관 설치(경연 담당, 집현전 계승)

why? 해품사 예측 근거

조선 전기 왕 업적 유형은 조선 시대의 대표적인 빈출 유형으로, 크게 태종(이방원), 세종, 세조(수양 대군), 성종의 왕 업적 유형을 출제합니다. 특히 조선 전기의 왕 업적 유형은 가급적 직전 회차에 출제되지 않은 왕을 주목하여 접근하는 것을 권장합니다.

통수 대비 키워드
#태종
- ✅ **정책**: 두 차례의 왕자의 난으로 즉위, 문하부 낭사를 사간원으로 독립시킴, 사병 혁파, 신문고 설치, 호패법 실시, 6조 직계제 최초 시행(6조 의결 사항을 직접 왕에게 보고), 전국 8도 정비
- ✅ **문화유산**: 주자소 설치(활자 주조 기구) → 계미자 주조, 「혼일강리역대국도지도」 제작(세계 지도)
- ✅ **관련 인물**: 하륜

*통수 대비 키워드란?
저격 키워드 대신 기습적으로 출제될 수 있는 유력 키워드로, 출제 확률이 높을 경우 수록됩니다.

📁 여기서 무조건 나온다! 저격 키워드 기출 선지 싹 모음

선지
조선 성종 때 국가의 기본 법전인 **경국대전**이 완성되었다. (47, 50, 51, 52, 53, 54, 55, 59, 60, 62, 66, 68, 70, 71, 72회)
조선 성종 때 국가의 의례를 정비한 **국조오례의**가 완성되었다. (55, 58, 63, 64, 70, 74회)
조선 성종 때 음악 이론 등을 집대성한 **악학궤범**이 완성되었다. (49, 55, 57, 59, 66, 69, 73회)
조선 성종 때 전국의 지리, 풍속 등이 수록된 **동국여지승람**이 편찬되었다. (61, 68회)

통수 조심! 통수 대비 키워드 기출 선지 싹 모음

선지
조선 태종 때 문하부를 폐지하고 낭사를 사간원으로 독립시켰다. (52, 65, 70회)
조선 태종 때 왕권 강화를 위해 6조 **직계제**를 시행하였다. (56, 57, 59, 69, 70회)
조선 태종 때 주자소를 설치하여 **계미자**를 주조하였다. (51, 53, 54, 59, 61, 63, 65, 68, 72회)
조선 태종 때 세계 지도인 **혼일강리역대국도지도**가 제작되었다. (49, 62, 63, 68, 69, 74회)

제75회 20번

저격키워드
#사헌부

쉽게 나올 경우
- ✓ **특징**: 대사헌(수장), 관리 감찰 및 풍속 교정 담당

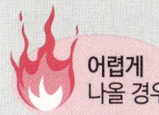
어렵게 나올 경우
- ✓ **특징**: 5품 이하 관리에게 서경권 행사

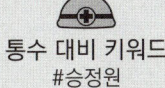
통수 대비 키워드
#승정원
- ✓ **특징**: 승지(대표 직책), 은대(별칭), 왕의 비서 기관 역할 담당, 왕명 출납 담당

why? 해품사 예측 근거

고려 시대 또는 조선 시대의 중앙 정치 제도 또는 지방 행정 제도는 매년 한 번씩은 꾸준히 출제되는 유형입니다. 특히 지난 회차에 고려 시대의 중앙 정치 기구를 종합적으로 파악하는 유형이 출제되었기 때문에, 75회차에는 조선 시대의 사례에 주목하는 것을 권장합니다.

*통수 대비 키워드란?
저격 키워드 대신 기습적으로 출제될 수 있는 유력 키워드로, 출제 확률이 높을 경우 수록됩니다.

📁 여기서 무조건 나온다! 저격 키워드 기출 선지 싹 모음

선지
사헌부는 5품 이하의 관리 임명에 대한 서경권을 행사하였다. (49, 51, 55, 58, 61, 69, 71회)

통수 조심! 통수 대비 키워드 기출 선지 싹 모음

선지
승정원은 왕명 출납을 담당한 왕의 비서 기관이다. (54, 56, 60, 62, 68, 69회)
승정원은 은대라고도 불렸다. (49, 55, 59, 61, 72회)

저격키워드
#무오사화

쉽게 나올 경우
- ✓ 배경: 김종직의 제자인 김일손 등이 사초에 실은 김종직의 「조의제문」이 발단 → 훈구파에 의해 세조(수양 대군)가 단종을 몰아낸 것을 간접적으로 비판하였다는 혐의를 받음
- ✓ 전개 및 결과: 김일손 등 신진 사림파 세력이 처형됨

어렵게 나올 경우

조선 시대의 사화의 흐름 암기
- ✓ 흐름: 무오사화(연산군) → 갑자사화(연산군) → 기묘사화(중종) → 을사사화(명종)

해품사 예측 근거

조선 시대의 사화 유형은 최근 기출에서 다섯 번이나 관련 키워드를 연계하여 출제할 정도로 출제 비중이 상당히 높아졌습니다. 또한 최근 회차에서 명종 때 발생한 을사사화가 이미 자주 출제되었으므로, 만약 75회차에 사화 유형을 출제할 경우 연산군 때 발생한 사화에 더욱 주목하는 것을 권장합니다.

📁 **여기서 무조건 나온다!** 저격 키워드 기출 선지 싹 모음

선지
무오사화 때 김종직의 **조의제문**이 발단이 되어 **김일손** 등이 화를 입었다. (49, 50, 51, 52, 54, 57, 60, 61, 64, 69, 71회)
폐비 윤씨 사사 사건을 빌미로 **갑자사화**가 발생하였다. (52, 59, 62, 65, 66, 68, 71, 73회)
왕실 외척 간의 권력 다툼의 결과 **을사사화**가 발생하여 **윤임**이 제거되었다. (47, 49, 52, 57, 59, 61, 62, 65, 66, 71회)

저격키워드
#광해군

쉽게 나올 경우
- ✓ **정책**: 대동법 실시(기존의 공납을 쌀, 베, 동전 등으로 대신 납부)
- ✓ **외교**: 명나라에 강홍립 부대를 파견하여 중립 외교 실시(사르후 전투)
- ✓ **기타**: 『동의보감』 완성(허준)

어렵게 나올 경우
- ✓ **외교**: 일본과 기유약조 체결
- ✓ **폐위 과정**: 영창 대군 살해(계축옥사) 및 인목대비 유폐 → 인조반정의 원인

통수 대비 키워드
#효종
- ✓ **성장 과정**: 병자호란 종결 직후 청나라에서 인질 생활을 함
- ✓ **외교**: 북벌 추진, 청나라의 나선 정벌에 조총 부대를 파견함(변급 및 신류 파견)

why? 해품사 예측 근거

조선 중기의 왕은 조선 전기 및 조선 후기의 왕에 비해서 비교적 출제율이 떨어지는 편입니다. 그러나 최근 기출 경향상 일 년에 한 번 정도는 출제하는 패턴이 확인되며, 특히 올해는 아직 광해군 또는 효종의 업적을 연계한 문제가 직접적으로 등장하지 않았기 때문에 주목하는 것을 권장합니다.

*통수 대비 키워드란?
저격 키워드 대신 기습적으로 출제될 수 있는 유력 키워드로, 출제 확률이 높을 경우 수록됩니다.

📁 여기서 무조건 나온다! 저격 키워드 기출 선지 싹 모음

선지
광해군 때 강홍립이 사르후 전투에 참여하였다. (49, 57, 61, 64, 65, 69, 72회)
광해군 때 경기도에 한하여 대동법을 실시하였다. (48, 59, 61, 63회)
광해군 때 기유약조를 체결하여 일본과의 무역을 재개하였다. (49, 50, 62, 66, 68회)
광해군 때 우리나라와 중국의 의서를 망라한 동의보감을 간행하였다. (48, 49, 53, 54, 55, 56, 61, 63, 64, 66, 68, 69, 73회)
광해군 때 영창대군이 사사되고 인목대비가 유폐되었다. (47, 71, 73회)

🎓 통수 조심! 통수 대비 키워드 기출 선지 싹 모음

선지
효종 때 나선 정벌에 조총 부대를 파견하였다. (47, 48, 49, 50, 51, 52, 53, 54, 55, 57, 58, 60, 63, 64, 65, 68, 70, 71, 72, 74회)
효종 때 어영청을 중심으로 북벌이 추진되었다. (53, 57, 59, 63, 66, 68, 69, 70, 71회)

저격키워드
#병자호란

쉽게 나올 경우
- ✓ 관련 장소: 남한산성
- ✓ 대표 인물: 김준룡(광교산 전투), 임경업(백마산성 항전)

어렵게 나올 경우
- ✓ 대표 인물: 김상용(신주를 들고 강화도에서 순절), 홍명구(김화 전투)
- ✓ 병자호란의 전개 과정: 후금의 청나라 건국 및 조선에 군신 관계 체결 요구 → 조선 조정 내에 주전론(청나라와의 전쟁 주장, 김상헌, 윤집 등)vs주화론(청나라와의 화의 주장, 최명길 등) → 청나라의 조선 침략 및 항전 발생(예 백마산성 전투) → 인조의 남한산성 피신 및 항전 → 조선의 항복 및 삼전도의 굴욕 발생(삼궤구고두례) → 소현 세자, 봉림 대군 등 왕족 및 백성들이 청에 인질로 끌려감

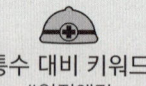
통수 대비 키워드
#임진왜란
- ✓ 관료 및 장수: 송상현(부산 동래성 전투), 신립(충주 탄금대 전투), 이일(상주 전투), 정발(부산진 전투), 이순신(목포 해전, 한산도 대첩), 김시민(진주 대첩), 권율(행주 대첩)
- ✓ 의병장: 고경명·조헌(금산 전투), 곽재우(경상남도 의령, 홍의 장군), 유정(사명대사), 정문부(북관 대첩)

해품사 예측 근거

임진왜란 및 병자호란은 조선 시대의 대표적인 빈출 전투 사례입니다. 두 전투의 경우 크게 사실형 유형과 흐름형 유형으로 나눠 출제할 수 있으며, 직전 회차에서 임진왜란 관련 유형이 출제되었으므로 75회차에서는 병자호란에 특히 주목하는 것을 권장합니다.

↳ *통수 대비 키워드란?*
저격 키워드 대신 기습적으로 출제될 수 있는 유력 키워드로, 출제 확률이 높을 경우 수록됩니다.

📁 여기서 무조건 나온다! 저격 키워드 기출 선지 싹 모음

선지
병자호란 때 **김상용**이 **강화도**에서 **순절**하였다. (47, 60, 64, 66회)
병자호란 때 **김준룡**이 **광교산 전투**에서 승리하였다. (48, 57, 65, 72, 73회)
병자호란 때 왕이 도성을 떠나 **남한산성**으로 피란하였다. (70, 73회)
병자호란 때 **임경업**이 **백마산성**에서 적의 침입에 대비하였다. (54, 60, 61회)

⛑ 통수 조심! 통수 대비 키워드 기출 선지 싹 모음

선지
임진왜란 때 송상현이 동래성에서 항전하였다. (55, 64, 67회)
임진왜란 때 신립이 탄금대에서 배수의 진을 치고 전투를 벌였다. (51, 62, 67, 70, 72, 73회)
임진왜란 때 권율이 행주산성에서 적군을 격퇴하였다. (53, 54, 55, 58, 67, 74회)
임진왜란 때 김시민이 진주성에서 적군을 크게 물리쳤다. (47, 55, 61, 66회)

저격키워드
#홍경래의 난

 쉽게 나올 경우	☑ **배경**: 세도 정치기의 수탈 및 서북 지역에 대한 차별에 반발 ☑ **반란 주도 인물**: 홍경래, 우군칙 ☑ **특징**: 반란군의 청천강 이북 지역 점령(예 가산, 곽산, 정주성 등)	
 어렵게 나올 경우	☑ **반란 주도 인물**: 이희저	
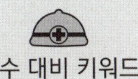 통수 대비 키워드 #임술 농민 봉기	☑ **배경**: 탐관오리인 백낙신의 학정에 반발하여 농민 봉기 발생 ☑ **반란 주도 인물**: 유계춘 ☑ **특징**: 안핵사로 파견된 박규수가 삼정의 문란을 해결하기 위해 삼정이정청 설치를 건의함	

why? 해품사 예측 근거

세도 정치기의 반란 사례는 본래 한능검 급수 체계 개편 이후 출제율이 매우 높은 조선 시대의 사회 파트 유형이었습니다. 최근 기출에서는 출제 빈도가 감소하였으나, 그럼에도 여전히 최소 일 년에 한 번씩은 출제되는 유형입니다. 만약 반란 사례 유형이 출제되지 않더라도, 세도 정치기 유형의 핵심 키워드로 언급될 가능성이 높기 때문에 관련 키워드를 반드시 암기하는 것을 권장합니다.

* **통수 대비 키워드란?**
저격 키워드 대신 기습적으로 출제될 수 있는 유력 키워드로, 출제 확률이 높을 경우 수록됩니다.

📁 여기서 무조건 나온다! 저격 키워드 기출 선지 싹 모음

선지
홍경래의 난은 세도 정치기의 수탈과 지역 차별에 반발하여 일어났다. (52, 54, 56회)
홍경래의 난 당시 홍경래, 우군칙 등이 봉기하여 정주성을 점령하였다. (47, 48, 49, 51, 55, 58, 59, 61, 64, 71, 72회)

🎯 통수 조심! 통수 대비 키워드 기출 선지 싹 모음

선지
임술 농민 봉기의 결과 박규수가 안핵사로 파견되는 계기가 되었다. (48, 49, 50, 52, 55, 56, 59, 67, 70, 74회)
임술 농민 봉기는 백낙신의 탐학이 발단이 되어 진주에서 농민들이 봉기한 사건이다. (64회)
임술 농민 봉기의 결과 삼정의 문란을 해결하기 위해 삼정이정청이 설치되었다. (47, 50, 51, 52, 53, 54, 57, 58, 59, 60, 61, 62, 65, 66, 68, 69, 70, 71, 73, 74회)

저격키워드

#조선 후기의 사회상

 **해품사 예측 근거**

 **쉽게 나올 경우**
- ☑ **경제**: 구황 작물 전래(예 감자, 고구마), 상품 작물 재배(예 고추, 담배, 목화 등), 공인의 활동, 다양한 상인의 등장(예 내상, 만상, 송상 등), 설점수세제 시행 → 덕대의 광산 운영, 초량 왜관 설치
- ☑ **문화**: 민화 유행, 중인들의 시사(詩社) 조직, 탈춤 및 판소리 유행, 한글 소설 유행(예 「춘향전」, 「홍길동전」), 전기수(직업 이야기꾼)의 활동

조선 후기의 사회상 유형은 출제 빈도가 매우 높은 조선 시대의 대표 빈출 유형입니다. 실제로 이 유형은 반복되는 키워드가 고정되어 있으나 종류가 많다는 특징이 있습니다. 그만큼 다양하게 응용되는 유형이므로 꼼꼼히 암기하는 것을 권장합니다.

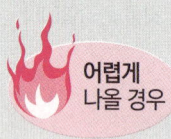 **어렵게 나올 경우**
- ☑ **경제**: 일본 및 청나라와 개시 무역(공무역) 및 후시 무역(밀무역) 성행, 상평통보 발행
- ☑ **문화**: 사설시조 유행, 진경 산수화 및 청화 백자 유행

 여기서 무조건 나온다! 저격 키워드 기출 선지 싹 모음

선지
조선 후기에는 감자, 고구마 등의 구황 작물이 재배되었다. (49, 55, 56, 60, 64, 66, 69, 70, 71회)
조선 후기에는 광산을 전문으로 경영하는 덕대가 나타났다. (47, 48, 49, 50, 51, 53, 54, 56, 57, 59, 60, 62, 65, 66, 68, 69, 70, 72회)
조선 후기에는 담배, 면화 등의 상품 작물을 널리 재배하였다. (47, 49, 50, 51, 52, 53, 54, 56, 57, 59, 61, 63, 64, 65, 67, 70, 71, 72회)
조선 후기에는 상평통보가 발행되어 법화로 사용되었다. (47, 63, 64, 66, 67, 70, 73, 74회)
조선 후기에는 초량 왜관을 통해 일본과 교역하였다. (49, 51, 54, 60, 61, 65, 66, 74회)
조선 후기에는 장시에서 탈춤 및 판소리 등의 공연이 이루어졌다. (50, 53, 57, 62, 64, 65, 67, 73, 74회)
조선 후기에는 중인이 시사(詩社)를 조직하여 활동하였다. (47, 49, 53, 54, 57, 60, 65, 67, 73, 74회)
조선 후기에는 춘향전, 홍길동전 등의 한글 소설이 유행하였다. (50, 57, 62, 64, 71, 73, 74회)

저격키워드
#영조

쉽게 나올 경우
- ✓ **정책**: 균역법(1년에 군포 1필), 탕평책 실시 및 탕평비 건립
- ✓ **기록 유산**: 『속대전』(법전)

어렵게 나올 경우
- ✓ **정책**: 신문고 부활, 청계천 준설(준천사 담당)
- ✓ **기록 유산**: 『동국문헌비고』(문물 백과사전)
- ✓ **사건**: 이인좌의 난

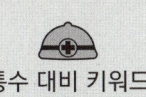
통수 대비 키워드 #정조
- ✓ **가족**: 사도 세자(아버지), 혜경궁 홍씨(어머니)
- ✓ **기록 유산**: 『고금도서집성』 수입(중국의 백과사전), 『대전통편』(법전), 『동문휘고』(외교 문서집), 『무예도보통지』(무예 훈련 교범)
- ✓ **문화유산**: 규장각(학술 연구 기관, 박제가·유득공 등 서얼 출신 인사 검서관 기용), 배다리, 수원 화성
- ✓ **정책**: 신해통공(육의전을 제외한 시전 상인의 금난전권 철폐), 장용영, 초계문신제

해품사 예측 근거

조선 후기 왕 업적 유형은 조선 전기 왕 업적 유형과 더불어 조선 시대의 대표적인 빈출 주제입니다. 이 유형은 대체로 영조와 정조를 중심으로 출제하기 때문에, 각 왕의 대표 업적 또는 관련 사건을 암기하는 것이 중요합니다. 특히 직전 회차에 정조가 출제되었기 때문에 75회차에서는 영조에 더욱 주목할 것을 권장합니다.

➜ *통수 대비 키워드란?*
저격 키워드 대신 기습적으로 출제될 수 있는 유력 키워드로, 출제 확률이 높을 경우 수록됩니다.

📁 여기서 무조건 나온다! 저격 키워드 기출 선지 싹 모음

선지
영조 때 군역의 부담을 줄여주기 위해 **균역법**을 시행하였다. (50, 51, 53, 56, 61, 68회)
영조 때 붕당의 폐해를 경계하기 위한 **탕평비**가 건립되었다. (47, 49, 52, 53, 54, 55, 56, 57, 62, 65, 67, 69, 70, 72, 74회)
영조 때 **속대전**을 편찬하여 통치 체제를 정비하였다. (47, 54, 58, 61, 63, 65, 66, 70, 72회)
영조 때 역대 문물 제도를 정리한 **동국문헌비고**를 편찬하였다. (49, 50, 52, 54, 59, 64, 66, 69, 73회)

⛑ 통수 조심! 통수 대비 키워드 기출 선지 싹 모음

선지
정조 때 국왕의 친위 부대인 **장용영**이 창설되었다. (47, 48, 51, 52, 53, 54, 55, 57, 58, 59, 63, 68, 70, 71, 73회)
정조 때 통치 체제를 정비하기 위해 **대전통편**을 간행하였다. (48, 55, 62, 71회)
정조 때 서얼 출신의 학자들이 검서관으로 **기용**되었다. (48, 49, 58, 59, 62, 63, 65, 66, 72회)
정조 때 시전 상인의 특권을 축소하는 **신해통공**을 단행하였다. (48, 50, 53, 55, 56, 57, 58, 60, 61, 62, 65, 66, 69, 70, 71, 73회)
정조 때 **초계문신제**를 시행하여 문신을 재교육하였다. (50, 51, 52, 54, 55, 56, 57, 58, 63, 64, 66, 67, 68, 69, 70, 71, 72, 74회)

저격키워드
#정약용

 쉽게 나올 경우	☑ 주장: 여전론(토지의 공동 경작 및 분배) → 정전론(토지를 井자 모양으로 나눠, 가운데 구역을 공동 경작) ☑ 저서: 『경세유표』, 『목민심서』, 『흠흠신서』 ☑ 과학 기구: 거중기, 배다리
 어렵게 나올 경우	☑ 저서: 『마과회통』, 『아방강역고』
통수 대비 키워드 #박제가	☑ 주장: 소비와 생산의 관계를 우물에 비유하여 소비를 권장함 ☑ 활동: 정조 때 규장각의 검서관으로 기용됨 ☑ 저서: 『북학의』

 **해품사 예측 근거**

조선 후기의 실학파 유형은 최근 회차에서 빈출도가 늘어난 대표적인 조선 시대의 인물 파트로, 일 년에 최소 1~2번은 반드시 출제될 정도로 자주 언급되는 조선 시대의 인물 키워드입니다. 특히 실학파 유형 관련 인물 중에서 정약용의 출제 빈도가 가장 높았기 때문에 가장 우선적으로 공략하는 것을 권장합니다.

*통수 대비 키워드란?
저격 키워드 대신 기습적으로 출제될 수 있는 유력 키워드로, 출제 확률이 높을 경우 수록됩니다.

📁 여기서 무조건 나온다! 저격 키워드 기출 선지 싹 모음

선지
정약용이 제작한 거중기를 활용하여 수원 화성을 축조하였다. (48, 50, 52, 53, 54, 62, 63, 64, 68, 69, 70회)
정약용은 경세유표를 집필하여 국가 제도의 개혁 방안을 제시하였다. (58, 60, 68회)
정약용은 마과회통에서 홍역에 대한 지식을 정리하였다. (49, 65회)
정약용은 목민심서에서 지방 행정의 개혁안을 제시하였다. (56회)

⛑ 통수 조심! 통수 대비 키워드 기출 선지 싹 모음

선지
박제가는 북학의를 저술하여 수레와 배의 이용을 권장하였다. (47, 49, 54, 55, 56, 57, 58, 66, 68회)
박제가는 서얼 출신으로 규장각 검서관에 기용되었다. (69회)

저격키워드
#김정희

쉽게 나올 경우
- ☑ 『금석과안록』 저술 → 서울 북한산 진흥왕 순수비 고증
- ☑ 예술 작품: 세한도 제작

어렵게 나올 경우
- ☑ 추사체 창안

통수 대비 키워드
#이이
- ☑ 강릉 오죽헌 출신
- ☑ 『격몽요결』, 『동호문답』, 『성학집요』 저술
- ☑ 해주 향약 시행
- ☑ 자운 서원에 배향됨

why? 해품사 예측 근거

조선 시대의 인물 중 정도전(전기), 이황 및 이이(중기), 김정희(후기)는 일 년에 한 번 정도는 반드시 한 명씩 출제할 정도로 빈출도가 매우 높은 키워드입니다. 특히 최근 기출에서 조선 전기(정도전), 조선 중기(이황)의 인물 유형을 연속으로 출제하였기 때문에, 이번 회차에는 조선 후기의 인물 유형에 주목하는 것을 권장합니다.

*통수 대비 키워드란?
저격 키워드 대신 기습적으로 출제될 수 있는 유력 키워드로, 출제 확률이 높을 경우 수록됩니다.

📁 여기서 무조건 나온다! 저격 키워드 기출 선지 싹 모음

선지
김정희는 금석과안록에서 북한산비가 진흥왕 순수비임을 고증하였다. (49, 50, 51, 57, 59, 60, 63, 64, 65, 66, 70, 71회)
김정희는 역대 명필을 연구하여 추사체를 창안하였다. (55, 72회)

통수 조심! 통수 대비 키워드 기출 선지 싹 모음

선지
이이는 군주가 수양해야 할 덕목과 지식을 담은 성학집요를 집필하였다. (58, 63, 69회)
이이는 동호문답에서 수취 제도의 개혁 등을 주장하였다. (51, 57, 74회)
이이는 해주 향약을 시행하여 향촌 교화를 위해 노력하였다. (60회)

저격키워드
#신미양요

- **배경**: 제너럴셔먼호 사건(평양에서 박규수 지휘로 미국인 상선 제너럴셔먼호 격침)
- **전개**: 어재연 부대 광성보 및 초지진 지역에서 항전

- **전개**: 로저스 제독이 이끄는 미군의 조선 내 강화도 침략 → 미군이 어재연 장군의 수자기(장수의 깃발) 약탈
- **영향**: 종로를 비롯한 전국 각지에 척화비 건립

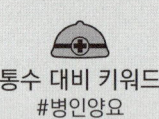
통수 대비 키워드
#병인양요
- **배경**: 병인박해(한국인 천주교 신자 및 프랑스 선교사 처형)
- **전개**: 로즈 제독이 이끄는 프랑스군의 조선 내 강화도 침략 → 한성근 부대의 문수 산성 항전, 양헌수 부대의 정족산성 항전
- **영향**: 프랑스군이 외규장각 내 도서 및 의궤 등 문화유산 약탈

 **해품사 예측 근거**

개항기 전기의 외세 침입 유형은 개항기 파트의 대표적인 빈출 주제로, 크게 병인양요 또는 신미양요와 관련된 역사적 사실을 출제하거나, 개항기 전기의 외세 침입 사건의 흐름형 유형을 출제합니다. 특히 최근 기출 경향상 병인양요보다 제너럴셔먼호 사건 및 신미양요를 연계하는 문제를 더욱 자주 출제하였기 때문에, 이번 회차에도 신미양요 관련 유형에 주목하는 것을 권장합니다.

→ *통수 대비 키워드란?
저격 키워드 대신 기습적으로 출제될 수 있는 유력 키워드로, 출제 확률이 높을 경우 수록됩니다.

📂 여기서 무조건 나온다! 저격 키워드 기출 선지 싹 모음

선지
제너럴셔먼호 사건 때 박규수를 비롯한 평양 관민이 제너럴셔먼호를 불태웠다. (48, 50, 51, 52, 53, 55, 57, 59, 60, 61, 63, 65, 71회)
신미양요 때 로저스 제독이 이끄는 미군이 강화도에 침입하였다. (66회)
신미양요 때 어재연 부대가 광성보에서 항전하였다. (48, 51, 53, 67, 72회)

🪖 통수 조심! 통수 대비 키워드 기출 선지 싹 모음

선지
병인박해는 로즈 제독의 함대가 강화도를 침입하는 빌미가 되었다. (52, 53회)
병인박해의 결과 천주교 선교사와 신자들이 처형되었다. (47, 52, 56회)
병인양요 때 양헌수 부대가 정족산성에서 적군을 물리쳤다. (50, 51, 55, 60회)
병인양요 때 의궤를 비롯한 외규장각의 도서가 약탈당하였다. (51, 52, 57, 62, 64, 67, 69, 71, 74회)

저격키워드
#임오군란

why? 해품사 예측 근거

쉽게 나올 경우

- ✓ **배경:** 구식 군인에 대한 차별 대우 반발
- ✓ **결과:** 제물포 조약 체결(조선-일본 체결, 배상금 지불 및 일본 공사관 내 경비병으로 일본군 주둔 허용), 조청 상민 수륙 무역 장정 체결(조선-청 간 체결, 치외 법권 인정, 한성 및 양화진에서의 내지 통상권 허용) → 청 상인의 국내 진출 본격화

어렵게 나올 경우

- ✓ **전개:** 구식 군인들의 선혜청 당상의 집과 일본 공사관 습격 → 명성 황후의 장호원 피신 → 흥선 대원군의 임시 재집권(별기군 및 2영 폐지, 5군영 복구) → 위안스카이가 이끄는 청군의 개입 → 흥선 대원군 톈진 납치 → 고문으로 마젠창·묄렌도르프 파견

임오군란과 갑신정변은 개항기 파트의 대표적인 빈출 유형으로, 두 사건의 원인, 전개, 영향과 관련된 키워드 구별이 필수적입니다. 특히 최근 회차에서 갑신정변이 자주 출제되었기 때문에, 75회차에는 임오군란에 더욱 주목하는 것을 권장합니다.

통수 대비 키워드
#갑신정변

- ✓ **배경:** 급진 개화파(개화당)의 입지 약화 → 일본의 정변 지원 약속
- ✓ **전개:** 김옥균, 박영효 등 개화당의 주도로 우정총국 개국 축하연을 계기로 정변 발생 → 개화당 정부 임시 수립 및 개혁 정강 14조 발표 → 청군의 개입 및 일본군과 청군 대립 → 청군의 승리로 인해 3일 만에 정변 실패 → 개화당 세력이 일본으로 망명(삼일천하)
- ✓ **결과:** 한성 조약 체결(조선-일본 체결, 배상금 지불 및 일본 공사관 신축비 비용 부담), 톈진 조약 체결(청-일본 체결, 양국 군대의 동시 철수, 조선에 군대 파병 시 양국 간 사전 통보 규정)

*통수 대비 키워드란?
저격 키워드 대신 기습적으로 출제될 수 있는 유력 키워드로, 출제 확률이 높을 경우 수록됩니다.

📁 **여기서 무조건 나온다!** 저격 키워드 기출 선지 싹 모음

선지
임오군란은 **구식 군인에 대한 차별 대우가 발단**이 되어 일어났다. (48, 61, 63, 70, 73회)
임오군란 때 **구식 군인들은 선혜청과 일본 공사관을 습격**하였다. (52, 56회)
임오군란의 결과 **마젠창과 묄렌도르프가 고문으로 파견**되었다. (55, 69, 70회)
임오군란의 결과 **일본 경비병의 공사관 주둔**을 명시하였다. (51, 53, 55, 59, 60, 65, 67, 69회)

⛑ **통수 조심!** 통수 대비 키워드 기출 선지 싹 모음

선지
김옥균, 박영효 등 개화 세력이 **갑신정변**을 일으켰다. (51, 52회)
갑신정변은 **우정총국 개국 축하연을 이용**하여 일어났다. (48, 53, 55, 56, 61, 65회)
갑신정변의 결과 청과 일본 사이에 **톈진 조약**이 체결되었다. (50, 60, 71회)
갑신정변의 결과 조선과 일본 사이에 **한성 조약**이 체결되었다. (49, 50, 52, 63, 66, 70회)

저격키워드
#수신사

- **대표 인물**: 김기수(제1차 수신사-『일동기유』 작성), 김홍집(제2차 수신사- 황준헌의 『조선책략』 국내 유포)

- **파견 배경**: 강화도 조약 체결 이후 일본 사절 파견 답례 목적

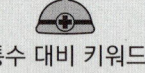
통수 대비 키워드
#영선사
- **파견 내용**: 청의 기기국에서 근대식 무기 제조 기술 학습 → 귀국 이후 기기창 설립 계기, 이홍장과 미국과의 수교 여부 논의
- **대표 인물**: 김윤식

해품사 예측 근거

개항기의 사절단 유형은 개항기 파트에서 비교적 출제 빈도가 높지 않은 파트입니다. 하지만 직전 회차에서 수신사 및 영선사와 관련된 인물들을 바탕으로 통합형 유형을 출제하였으며, 최근 기출에서 개항기의 사절단 유형을 출제한 사례가 적었습니다. 오랜만에 다시 출제할 가능성을 고려하여 각 사절단이 파견된 국가, 대표 인물 및 활동 사례를 암기하는 것을 권장합니다.

***통수 대비 키워드란?**
저격 키워드 대신 기습적으로 출제될 수 있는 유력 키워드로, 출제 확률이 높을 경우 수록됩니다.

📁 여기서 무조건 나온다! 저격 키워드 기출 선지 싹 모음

선지
김기수는 수신사로 일본에 파견되었다. (48, 50, 51, 52, 53, 56, 58, 59, 60, 61, 69, 70회)
제2차 수신사인 김홍집은 황준헌이 쓴 조선책략을 들여와 국내에 소개하였다. (49, 51, 52, 56, 62, 67, 68회)

🎖 통수 조심! 통수 대비 키워드 기출 선지 싹 모음

선지
김윤식은 청에 영선사로 파견되었다. (47, 49, 53, 57, 59, 65, 66회)
영선사는 기기국에서 무기 제조 기술을 습득하고 돌아왔다. (51, 53, 68회)
영선사의 파견 결과 무기 제조 공장인 기기창이 설립되는 계기가 되었다. (48, 49, 58, 59회)

저격키워드
#동학 농민 운동

 **해품사 예측 근거**

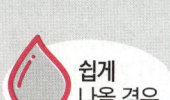 **쉽게 나올 경우**

- ✓ **배경**: 고부 군수 조병갑의 수탈 강화 → 전봉준의 주도로 고부 농민 봉기 발발(만석보 파괴) → 안핵사 이용태 파견 → 백산 집결 및 4대 강령 발표
- ✓ **제1차 동학 농민 운동의 전개**: 황토현 전투(전라 감영군 격파) → 황룡촌 전투(홍계훈 등 관군 격파) → 전주성 점령 → 정부의 요청으로 청군 국내 파병(텐진 조약 영향으로 일본군도 함께 파병) → 전주 화약 체결(폐정 개혁안 요구) → 집강소(폐정개혁안 12개조 실시, 농민 자치 기구) 및 교정청(정부 주도 임시 관청) 설치
- ✓ **제2차 동학 농민 운동의 전개**: 일본의 경복궁 불법 점령 → 동학의 남접과 북접의 연합 부대가 논산 집결 → 공주 우금치에서 동학 농민군이 관군과 일본 연합군에 대치 → 전봉준 체포로 인해 운동 종결

 **어렵게 나올 경우**

- ✓ **동학 농민 운동 발발 이전 동학 교도의 활동**: 삼례 집회(1892) 및 보은 집회(1893) 개최

동학 농민 운동은 개항기의 대표적인 빈출 사건으로, 크게 사실형 유형과 흐름형 유형으로 나눠 출제할 수 있습니다. 특히 최근 기출에서 3연속으로 출제할 정도로 빈출도가 높은 유형이므로, 동학 농민 운동과 관련된 대표적인 사건 키워드를 파악하는 것이 중요합니다.

 여기서 무조건 나온다! 저격 키워드 기출 선지 싹 모음

선지
고부 농민들이 조병갑의 탐학에 맞서 **만석보를 파괴**하였다. (51, 52, 56, 65, 67, 72회)
공주 우금치에서 **농민군이 관군과 일본군에게 패배**하였다. (47, 49, 51, 53, 56, 64, 65, 73회)
남접과 북접이 논산에서 집결하였다. (48, 52, 54, 56, 58, 61, 65, 67, 73회)
농민군이 황룡촌 전투에서 **관군에 승리**하였다. (47, 67, 73회)
동학 농민군이 정부와 **전주 화약**을 체결하였다. (55, 61, 64, 72, 74회)
사태 수습을 위해 **이용태가 안핵사로 파견**되었다. (53, 66, 67, 69회)
일본이 군대를 동원하여 **경복궁을 점령**하였다. (51, 65, 73회)
폐정 개혁안 실천을 위해 **집강소** 설치를 요구하였다. (48, 49, 56, 57, 63, 70회)

저격키워드
#제2차 갑오개혁

 쉽게 나올 경우	☑ **담당 기구(인물)**: 김홍집·박영효 연립 내각(군국기무처 폐지) ☑ **개혁 사례**: 홍범 14조 반포(예 왕실 사무 및 국정 사무 분리, 조세 징수 탁지아문 관할), 교육 입국 조서 반포 → 한성 사범 학교 설립, 8도 → 23부 개편
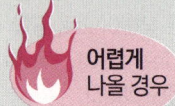 어렵게 나올 경우	☑ **개혁 사례**: 재판소 설치, 8아문 → 7부 개편
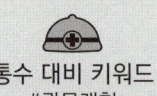 통수 대비 키워드 #광무개혁	☑ **정치 관련 사례**: 구본신참 바탕, 「대한국 국제 반포」(헌법), 원수부 설치(황제 직속 군대), 환구단에서 황제로 즉위 ☑ **경제 관련 사례**: 상공 학교 설립, 양전 사업 시행 → 지계 발급 ☑ **외교 관련 사례**: 대한 제국 칙령 제41호 반포 → 독도 영유권 규정, 이범윤 간도 관리사 파견, 용암포 점령 사건 발발 → 러일 전쟁 원인

why? 해품사 예측 근거

개항기의 개혁은 개항기의 대표 빈출 주제로, 한능검 급수 체계 개편 이후 독립 협회를 포함하여 한 회차 내에 최대 3문제까지 출제된 사례가 있기 때문에 반드시 주목할 필요가 있는 유형입니다. 특히 최근 회차에서 제1차 갑오개혁과 관련된 키워드가 언급되었으므로, 제2차 갑오개혁 또는 빈출도가 매우 높은 광무개혁에 더욱 주목하는 것을 권장합니다.

➜ ***통수 대비 키워드란?***
저격 키워드 대신 기습적으로 출제될 수 있는 유력 키워드로, 출제 확률이 높을 경우 수록됩니다.

📁 여기서 무조건 나온다! 저격 키워드 기출 선지 싹 모음

선지
제2차 갑오개혁 때 개혁의 방향을 제시한 **홍범 14조**를 반포하였다. (49, 54, 55, 57, 63, 65, 67, 72, 73회)
제2차 갑오개혁 때 **교육 입국 조서 반포**를 계기로 **한성 사범 학교**가 설립되었다. (48, 53, 54, 55, 57, 59, 60, 64, 66, 67, 70, 71, 72회)
제2차 갑오개혁 때 근대적 사법 기구인 **재판소**를 설치하였다. (53, 63회)
제2차 갑오개혁 때 **지방 행정 구역**을 8도에서 23부로 개편하였다. (49, 52, 61, 67, 71회)

🎯 통수 조심! 통수 대비 키워드 기출 선지 싹 모음

선지
광무개혁은 **구본신참**에 입각하여 개혁을 추진하였다. (50, 52회)
광무개혁 때 군 통수권 장악을 위해 **원수부**를 두었다. (47, 49, 51, 53, 57, 59, 60, 63, 66, 67, 71회)
광무개혁 때 **대한국 국제**가 반포되었다. (50, 57, 58, 60, 65회)
광무개혁 때 **상공 학교**를 설립하여 실업 교육을 실시하였다. (68회)
광무개혁 때 **양전 사업**을 실시하여 **지계**를 발급하였다. (47, 48, 54, 55, 56, 57, 58, 59, 60, 65, 66, 68, 69, 71, 72회)

저격키워드
#독립 협회

 쉽게 나올 경우	✓ **대표 인물:** 서재필 및 윤치호 ✓ **활동:** 관민 공동회 및 만민 공동회 개최, 독립문 건립, 러시아의 절영도 조차 요구 저지, 헌의 6조 반포 → 중추원 관제 개편 추진
 어렵게 나올 경우	✓ **활동:** 한·러 은행 폐쇄 주도 ✓ **특징:** 입헌 군주제 지향(공화정을 지향하였다고 모함받음) → 고종이 황국 협회를 동원하여 탄압 → 독립 협회 사실상 해체

 **해품사 예측 근거**

독립 협회는 대한 제국 때 활동한 대표적인 단체입니다. 한능검 급수 체계 개편 이후 출제 빈도가 상당히 높아졌기 때문에 관련 활동을 반드시 암기할 필요가 있습니다.

 여기서 무조건 나온다! 저격 키워드 기출 선지 싹 모음

선지
독립 협회는 관민 공동회를 개최하여 헌의 6조를 결의하였다. (50, 51, 53, 59, 63, 69, 70회)
독립 협회는 러시아의 절영도 조차 요구를 저지하였다. (48, 56, 62, 64, 71, 72회)
독립 협회는 만민 공동회를 열어 열강의 이권 침탈을 저지하였다. (47, 48, 57, 61, 66회)
독립 협회는 영은문이 있던 자리 부근에 독립문을 건립하였다. (50, 51, 53, 54, 61, 66회)
독립 협회는 중추원 개편을 통한 의회 설립을 추진하였다. (49, 61, 62, 65, 69, 71회)

저격키워드
#구한말 일제의 침략

 ✔ **구한말 일제의 침략 흐름:** 러일 전쟁 → 포츠머스 조약(일본의 독점적 대한 제국 지배 인정) → 을사늑약 → 을사의병(민종식·신돌석·최익현 주도) → 헤이그 특사 파견(이준·이위종·이상설) → 고종의 강제 퇴위 및 정미 7조약 체결(대한 제국 군대 강제 해산) → 정미의병(이인영, 13도 창의군 결성) → 기유각서(사법권 박탈)

 **해품사 예측 근거**

구한말 일제의 침략 유형은 주로 흐름형 유형으로 출제되기 때문에, 대표적인 사건의 전반적인 순서를 꼼꼼히 암기해야 풀이할 수 있는 개항기의 대표적인 고난도 유형입니다.

 **러일 전쟁 시기의 역사적 사실 연계**
✔ **국내:** 한일 의정서 체결, 제1차 한일 협약 체결, 일본의 독도 시마네현 불법 편입
✔ **국외:** 가쓰라·태프트 밀약 체결(미국-일본), 제2차 영일 동맹 체결(영국-일본)

📁 **여기서 무조건 나온다!** 저격 키워드 기출 선지 싹 모음

선지
러일 전쟁 때 군사 전략상 필요한 지역을 일본에게 제공하는 한일 의정서가 강요되었다. (64회)
러일 전쟁 때 체결된 제1차 한일 협약에서 메가타가 대한 제국의 재정 고문으로 초빙되었다. (48, 50, 51, 53, 57, 59, 60, 64, 70회)
을사늑약의 체결 결과 외교권이 박탈되고 통감부가 설치되었다. (48, 50, 51, 53, 57, 59, 60, 64, 70회)
을사늑약 체결 이후 헤이그에서 열린 만국 평화 회의에 특사가 파견되었다. (50, 51, 53, 54, 55, 66, 67, 70회)
최익현이 을사늑약 체결에 반대하여 태인에서 의병을 일으켰다. (52, 64, 70, 72회)
정미의병은 고종의 강제 퇴위 및 군대 해산에 반발하여 결성되었다. (57, 65회)
정미의병은 13도 창의군을 결성하여 서울 진공 작전을 전개하였다. (47, 48, 49, 51, 53, 54, 57, 63, 64, 67, 68, 69, 70, 72, 73회)
일제는 기유각서를 체결하여 사법권을 강탈하였다. (52, 58, 64, 67, 69회)

저격키워드
#신민회

쉽게 나올 경우
- ✓ 대표 인물: 안창호, 양기탁, 이승훈
- ✓ 대표 활동: 대성 학교 설립(안창호), 오산 학교 설립(이승훈), 신흥 강습소 설립(신흥 무관 학교로 발전), 태극 서관 운영
- ✓ 특징: 데라우치 총독 암살 사건을 조작한 105인 사건 발생 → 신민회 해체

어렵게 나올 경우
- ✓ 대표 활동: 자기 회사 설립
- ✓ 특징: 공화정 지향

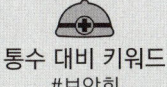
통수 대비 키워드
#보안회
- ✓ 대표 활동: 일제의 황무지 개간권 요구 저지

*통수 대비 키워드란?
저격 키워드 대신 기습적으로 출제될 수 있는 유력 키워드로, 출제 확률이 높을 경우 수록됩니다.

해품사 예측 근거

신민회는 출제 빈도가 가장 높은 개항기의 대표적인 애국 계몽 운동 단체로서, 일 년에 한 번 정도는 출제되는 편입니다. 신민회는 다른 애국 계몽 운동 단체에 비해 활용할 수 있는 키워드가 비교적 많기 때문에 자주 출제되므로 암기를 권장합니다.

📁 여기서 무조건 나온다! 저격 키워드 기출 선지 싹 모음

선지
신민회는 대성 학교와 오산 학교를 설립하여 민족 교육을 실시하였다. (47, 49, 51, 54, 57, 63, 64, 67, 71, 73회)
신민회는 안창호, 양기탁, 이승훈 등이 비밀 결사로 조직하였다. (62회)
신민회는 일제가 조작한 105인 사건으로 와해되었다. (47, 48, 50, 51, 53, 56, 58, 60, 63, 65, 66, 67, 68, 69, 73회)
신민회는 태극 서관을 운영하여 계몽 서적 등을 보급하였다. (51, 52, 56, 61, 63, 64, 65회)
신민회는 삼원보에 신흥 강습소를 세워 무장 투쟁을 준비하였다. (49, 51, 55, 56, 58, 59, 61, 65, 66회)
신민회는 평양에 자기 회사를 설립하였다. (50회)

🎯 통수 조심! 통수 대비 키워드 기출 선지 싹 모음

선지
보안회는 일제의 황무지 개간권 요구를 저지시켰다. (49, 55, 56, 57, 58, 61, 62, 64, 67, 68, 69, 71, 73, 74회)

저격키워드

#무단 통치기

 쉽게 나올 경우
- ☑ **정책**: 교사가 제복을 입고 칼을 찬 상태로 수업을 진행함, 범죄 즉결례, 조선 태형령, 헌병 경찰제
- ☑ **경제 침탈**: 토지 조사 사업, 회사령

 어렵게 나올 경우
- ☑ **경제 침탈**: 광업령, 삼림령, 어업령 반포
- ☑ **교육**: 제1차 조선 교육령 반포
- ☑ **관련 역사적 사실**: 조선 물산 공진회 개최

 **해품사 예측 근거**

일제 강점기의 식민 통치 및 사회상 유형은 일제 강점기 파트의 대표적인 빈출 주제로, 민족 말살 통치기-무단 통치기-이른바 문화 통치기 순으로 출제 빈도가 높습니다. 특히 무단 통치기와 민족 말살 통치기의 일제의 정책 및 사회상 유형은 한 회차 내에 동시에 출제할 가능성이 높기 때문에 동시에 공략하는 것을 권장합니다.

 여기서 무조건 나온다! 저격 키워드 기출 선지 싹 모음

선지
무단 통치기에는 경복궁에서 조선 물산 공진회가 개최되었다. (72회)
무단 통치기에는 강압적 통치를 목적으로 헌병 경찰제가 시행되었다. (47, 51, 53, 58, 61, 62, 63, 64, 65, 66, 67, 69, 70, 72회)
무단 통치기에는 근대적 토지 소유권 확립을 명분으로 토지 조사 사업을 시행하였다. (47, 48, 49, 57, 58, 59, 62, 65, 66, 68, 73, 74회)
무단 통치기에는 조선인에게만 적용된 형벌인 조선 태형령이 시행되었다. (49, 52, 53, 54, 55, 56, 57, 61, 63, 64, 66, 67, 69, 70, 72, 74회)
무단 통치기에는 회사 설립 시 총독의 허가를 받도록 하는 회사령을 공포하였다. (49, 50, 53, 56, 57, 58, 59, 60, 61, 64, 70, 73회)

저격키워드

#6·10 만세 운동

쉽게 나올 경우

- ✓ **배경**: 순종(융희 황제)의 인산일을 계기로 만세 운동 준비
- ✓ **전개**: 사회주의 계열 및 학생 중심으로 만세 운동 준비 → 사회주의 계열이 사전 발각되어 학생들이 주도하게 됨
- ✓ **영향 및 의의**: 정우회 선언 발표 → 민족 유일당 운동 전개 → 신간회 창립

신간회의 활동 연계

어렵게 나올 경우

- ✓ **결성 과정**: 민족 유일당 운동을 계기로 비타협적 민족주의 세력과 사회주의 세력이 연합 → 초대 회장 이상재 선출, 강령 발표(정치적·경제적 각성, 단결을 공고히 함, 기회주의 일체 부인)
- ✓ **활동**: 광주 학생 항일 운동에 진상 조사단 파견, 전국 순회 강연, 전국 주요 도시에 지회 설립
- ✓ **의의**: 민족주의 계열 및 사회주의 계열의 민족 협동 전선, 일제 강점기 최대 규모의 사회 단체

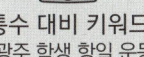
통수 대비 키워드
#광주 학생 항일 운동

- ✓ **배경**: 한일 학생 간 충돌 계기
- ✓ **전개**: 광주 지역을 중심으로 동맹 휴학 및 조선인 본위의 교육 제도 확립과 식민지 교육 철폐 등을 요구하며 항일 운동 발발 → 독서회 및 성진회 등 학생 단체의 주도적 활동
- ✓ **영향 및 의의**: 신간회에서 진상 조사단을 파견하여 지원함, 전국적인 동맹 휴학이 발생하는 계기가 됨, 3·1 운동 이후 최대의 민족 운동, 11월 3일 기념일 지정

why? 해품사 예측 근거

일제 강점기의 항일 운동 유형은 1년에 최소 1~2번은 출제되는 일제 강점기 파트의 대표적인 빈출 주제로, 크게 3·1 운동, 6·10 만세 운동, 광주 학생 항일 운동을 중심으로 공략할 필요가 있습니다. 특히 최근 회차에서 3·1 운동과 광주 학생 항일 운동이 자주 출제되었기 때문에, 75회차는 6·10 만세 운동을 주목하는 것을 권장합니다. 또한 6·10 만세 운동의 영향으로 창립된 신간회의 활동 사례를 단독 유형으로 출제할 수도 있으므로 추가적인 암기를 권장합니다.

> ※**통수 대비 키워드란?**
> 저격 키워드 대신 기습적으로 출제될 수 있는 유력 키워드로, 출제 확률이 높을 경우 수록됩니다.

📙 **여기서 무조건 나온다! 저격 키워드 기출 선지 싹 모음**

선지
6·10 만세 운동은 **민족주의 계열과 사회주의 계열이 함께 준비**하였다. (47, 49, 54회)
6·10 만세 운동은 순종의 인산일을 기회로 삼아 **대규모 시위를 계획**하였다. (55, 61, 63, 66, 68, 72, 73, 74회)
6·10 만세 운동 발생 이전에 시위를 준비하는 과정에서 **사회주의자들이 대거 검거**되었다. (61, 70회)

🎯 **통수 조심! 통수 대비 키워드 기출 선지 싹 모음**

선지
광주 학생 항일 운동은 성진회와 각 학교 독서회에 의해 전국적으로 확산되었다. (48, 49, 63, 70, 72, 74회)
광주 학생 항일 운동은 한국인 학생과 일본인 학생 간의 충돌에서 비롯되었다. (47, 53, 57, 61회)

저격키워드
#북간도 지역의 국외 독립운동

 해품사 예측 근거

 **쉽게 나올 경우**
- 기구(단체): 중광단(대종교 계열) → 이후 북로 군정서 개편
- 학교: 서전서숙(이상설), 명동 학교(김약연)

 **어렵게 나올 경우**
- 기구(단체): 간민회
- 독립운동 사례: 봉오동 전투(홍범도-대한 독립군), 청산리 전투(김좌진-북로 군정서군)

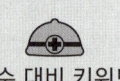 **통수 대비 키워드** #연해주
- 기구(단체): 권업회(초대 회장 최재형-안중근 하얼빈 의거 지원, 권업신문 발간), 신한촌(한인 집단 거주지, 블라디보스토크 위치), 대한 광복군 정부(정통령 이상설, 부통령 이동휘 선출), 전로 한족회 중앙 총회 → 대한 국민 의회, 한인 사회당(사회주의 정당)
- 관련 역사적 사실: 스탈린의 한인 중앙아시아 강제 이주 정책 시행(1937), 해조신문 발간(최봉준, 블라디보스토크)

일제 강점기의 국외 독립 운동 유형은 한능검 급수 체계 개편 이후 빈출도가 늘어난 일제 강점기 파트의 대표 주제로, 외워야 할 다양한 지역의 국외 독립 운동 사례 키워드가 상당히 많기 때문에 난도가 높은 편입니다. 특히 최근 회차에서 서간도 및 미주 지역을 출제하였기 때문에, 다른 지역과 관련된 독립운동 사례에 주목하는 것을 권장합니다.

*통수 대비 키워드란?
저격 키워드 대신 기습적으로 출제될 수 있는 유력 키워드로, 출제 확률이 높을 경우 수록됩니다.

📁 여기서 무조건 나온다! 저격 키워드 기출 선지 싹 모음

선지
북간도 지역에서는 서전서숙과 명동 학교를 설립하여 민족 교육을 실시하였다. (51, 52, 53, 54, 65, 67, 72회)
북간도 지역에서는 북로 군정서군이 조직되어 독립 전쟁을 전개하였다. (53, 61회)

통수 조심! 통수 대비 키워드 기출 선지 싹 모음

선지
연해주 지역에서는 권업회를 조직하고 권업신문과 해조신문을 발행하였다. (48, 49, 51, 53, 54, 56, 58, 61, 71, 72, 74회)
연해주 지역에서는 대한 광복군 정부를 세워 무장 독립 투쟁을 전개하였다. (53, 67, 73회)
연해주 지역에서는 사회주의 계열의 한인 사회당이 조직되었다. (58회)
스탈린에 의해 연해주 지역의 많은 한인이 중앙아시아로 강제 이주되었다. (52회)

저격키워드
#대한민국 임시 정부

제75회 40번

 **쉽게 나올 경우**

- ☑ **상하이 시기 활동 사례**: 교통국, 구미 위원부, 김규식의 파리 강화 회의 파견, 독립신문, 독립(애국) 공채, 연통제, 백산 상회(안희제-부산), 이륭양행(교통국 지원), 『한일 관계 사료집』
- ☑ **충칭 시기 활동 사례**: 한국광복군 창설 → 삼균주의 기초 대한민국 건국 강령 발표 → 국내 진공 작전 추진

 **어렵게 나올 경우**

- ☑ **상하이 시기 관련 사건**: 국민 대표 회의(1923), 박은식 제2대 대통령 선출(1925), 이상룡 초대 국무령 선출(1925)
- ☑ **충칭 시기 관련 사건**: 「대일 선전 성명서 발표」(1941), 조소앙의 삼균주의에 기초한 건국 강령 발표(1941)

 **해품사 예측 근거**

대한민국 임시 정부는 일제 강점기에서 가장 빈출도가 높은 키워드입니다. 실제로 대한민국 임시 정부 키워드는 사실형 유형과 흐름형 유형을 비롯하여 다른 기구 및 단체와 연계하여 출제될 가능성이 높기 때문에 다양한 키워드를 광범위하게 암기하는 것을 권장합니다.

📁 여기서 무조건 나온다! 저격 키워드 기출 선지 싹 모음

선지
상하이 시기의 대한민국 임시 정부는 대미 외교를 수행하기 위해 **구미 위원부**를 설치하였다. (47, 57, 61, 62, 65회)
상하이 시기의 대한민국 임시 정부는 독립운동 자금 마련을 위해 **독립 공채**를 발행하였다. (48, 52, 53, 54, 57, 59, 62, 69, 71, 74회)
상하이 시기의 대한민국 임시 정부는 비밀 행정 조직인 **연통제**를 조직하였다. (53, 55, 66회)
상하이 시기의 대한민국 임시 정부는 **이륭양행**에 **교통국**을 설치하였다. (56, 61, 67, 72회)
상하이 시기의 대한민국 임시 정부는 임시 사료 편찬회를 두어 **한일 관계 사료집**을 편찬하였다. (51, 57, 62회)
상하이에서 **국민 대표 회의**가 개최되었다. (47, 50, 53, 55, 66, 73회)
충칭 시기의 대한민국 임시 정부는 **대일 선전 성명서**를 발표하였다. (50, 68회)
충칭 시기의 대한민국 임시 정부는 **조소앙의 삼균주의**를 기초로 **건국 강령을 발표**하였다. (47, 48, 50, 51, 54, 56, 58, 62, 64, 66, 68, 69, 70회)

저격키워드
#민족 말살 통치기

- ✓ **전쟁**: 금속 및 미곡 공출, 국가 총동원법, 중일 전쟁, 태평양 전쟁
- ✓ **세뇌**: 황국 신민 서사
- ✓ **노역**: 여자 정신 근로령
- ✓ **이외 사실**: 조선 사상범 예방 구금령(1941)

- ✓ **전쟁**: 애국반, 위안부, 학도병제
- ✓ **세뇌**: 신사 참배, 창씨 개명
- ✓ **노역**: 국민 징용령, 몸뻬 착용 강조

 해품사 예측 근거

일제 강점기의 식민 통치 및 사회상 유형은 일제 강점기 파트의 대표적인 빈출 주제로, 민족 말살 통치기-무단 통치기-이른바 문화 통치기 순으로 출제 빈도가 높습니다. 특히 무단 통치기와 민족 말살 통치기의 일제의 정책 및 사회상 유형은 한 회차 내에 동시에 출제할 가능성이 높기 때문에 동시에 공략하는 것을 권장합니다.

📁 여기서 무조건 나온다! 저격 키워드 기출 선지 싹 모음

선지
민족 말살 통치기에는 **국가 총동원법**을 제정하여 인력과 물자를 강제 동원하였다. (60, 64, 65, 71, 73회)
민족 말살 통치기에는 **국민 징용령**에 의해 강제로 노동 현장에 동원되었다. (50, 54, 55, 71회)
민족 말살 통치기에는 **식량 배급 및 미곡 공출제**를 시행하였다. (48, 55, 57, 60, 62회)
민족 말살 통치기에는 **애국반**이 편성되어 **몸뻬** 착용을 강요하는 등 일상생활이 통제되었다. (58, 60, 64, 70, 72회)
민족 말살 통치기에는 **여자 정신 근로령**을 공포하여 한국인 여성을 강제로 동원하였다. (48, 61, 66, 73회)
민족 말살 통치기에는 **조선 사상범 예방 구금령**을 시행하였다. (47, 48, 55, 58, 59, 64, 66, 69, 70, 73회)
민족 말살 통치기에는 조선인들을 **신사 참배**에 강제 동원하였다. (49, 56회)
민족 말살 통치기에는 **황국 신민 서사** 암송을 강요하였다. (49, 53, 54, 55, 57, 58, 63, 67, 69, 70, 71, 73, 74회)

저격키워드
#한국광복군

쉽게 나올 경우
- ✅ 대표 인물: 지청천(총사령)
- ✅ 전투 사례: 국내 진공 작전 추진
- ✅ 특징: 충칭 시기 대한민국 임시 정부의 산하 부대

어렵게 나올 경우
- ✅ 대표 인물: 김원봉(부사령)
- ✅ 전투 사례: 연합군의 일원으로 인도·미얀마 전선 파견

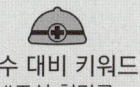
통수 대비 키워드
#조선 혁명군
- ✅ 대표 인물: 양세봉(총사령)
- ✅ 전투 사례: 영릉가 전투, 흥경성 전투
- ✅ 특징: 중국 의용군과 연합 작전 전개

 해품사 예측 근거

일제 강점기의 군사 조직 유형은 일제 강점기의 대표 빈출 파트로서, 단체의 이름이 상당히 유사하여 혼동하기 쉬우나 반드시 공략할 필요가 있습니다. 특히 최근 회차에서 한국 독립군과 조선 의용대가 출제되었기 때문에 다른 단체에 주목하는 것을 권장합니다.

*통수 대비 키워드란?
저격 키워드 대신 기습적으로 출제될 수 있는 유력 키워드로, 출제 확률이 높을 경우 수록됩니다.

📁 여기서 무조건 나온다! 저격 키워드 기출 선지 싹 모음

선지
한국광복군은 미국과 연계하여 **국내 진공 작전**을 전개하였다. (48, 52, 53, 54, 58, 59, 60, 61, 64, 66, 68, 69, 71, 72, 74회)
한국광복군은 영국군의 요청으로 **인도·미얀마 전선**에 투입되었다. (47, 51, 63, 67회)
한국광복군은 **충칭 시기의 대한민국 임시 정부의 산하 부대**로 조직되었다. (50, 53회)

🎩 통수 조심! 통수 대비 키워드 기출 선지 싹 모음

선지
조선 혁명군은 **영릉가 및 흥경성**에서 일본군에게 승리를 거두었다. (47, 48, 51, 54, 57, 58, 59, 63, 64, 68, 69, 71, 72, 74회)
조선 혁명군은 총사령 양세봉의 지휘 아래 활동하였다. (60회)
조선 혁명군은 중국 의용군과 연합하여 활동하였다. (64회)

저격키워드

#조선어 학회

쉽게 나올 경우
- ☑ 대표 인물: 이극로, 최현배
- ☑ 특징 및 활동 사례: 우리말(조선말) 큰사전 편찬 시도, 한글 맞춤법 통일안 발표

어렵게 나올 경우
- ☑ 대표 인물: 이윤재
- ☑ 특징 및 활동 사례: 기관지 『한글』 간행, 조선어 학회 사건으로 학회 활동 중단됨(1942)

통수 대비 키워드
#국문 연구소
- ☑ 대표 인물: 주시경(아호 한힌샘, 독립신문 교보원 활동), 지석영
- ☑ 특징 및 활동 사례: 학부 아래에 설립됨 → 『국문 연구안』 간행

 **why?** 해품사 예측 근거

조선어 학회는 일제 강점기에 한글 수호 활동을 전개한 대표적인 사회 단체로, 자주 출제되는 유형은 아니지만 기존 기출 경향상 일 년에 한 번씩은 언급되었습니다. 특히 최근 이 유형이 출제되지 않았기 때문에, 올해 남은 회차 중 한 번 정도는 출제할 가능성이 높습니다.

*통수 대비 키워드란?
저격 키워드 대신 기습적으로 출제될 수 있는 유력 키워드로, 출제 확률이 높을 경우 수록됩니다.

📁 여기서 무조건 나온다! 저격 키워드 기출 선지 싹 모음

선지
조선어 학회는 우리말 큰 사전 편찬 사업을 추진하였다. (55, 56, 69회)
조선어 학회의 이극로, 최현배 등이 조선어 학회 사건으로 구속되어 옥고를 치렀다. (52, 61, 65, 66, 73회)
조선어 학회는 한글 맞춤법 통일안을 제정하였다. (50, 52, 54, 56, 62, 63, 64, 73회)

🎓 통수 조심! 통수 대비 키워드 기출 선지 싹 모음

선지
국문 연구소를 설립하여 한글의 문자 체계를 정리하였다. (48, 61, 62, 63, 64, 67, 72회)
국문 연구소는 한글 연구를 목적으로 학부 아래에 설립되었다. (50, 55회)

저격키워드
#광복~대한민국 정부 수립

- **대표 사건 흐름:** 조선 건국 준비 위원회 결성(여운형 및 안재홍 주도) → 미군정 설립 → 모스크바 3국 외상 회의 → 신탁 통치 대립 발생 → 제1차 미·소 공동 위원회 개최(덕수궁 석조전에서 개최) → 이승만의 정읍 발언(남한만의 단독 정부 수립 주장) → 좌우 합작 위원회 결성(김규식 및 여운형 주도) 및 좌우 합작 7원칙 발표 → 제2차 미·소 공동 위원회 개최 → 한반도 문제 유엔 이관 → 남북 협상 시도(김구 및 김규식 주도) → 5·10 총선거 실시(우리나라 최초의 보통 선거) → 대한민국 정부 수립 및 제헌 국회 출범

미군정 시기의 역사적 사실 연계
- **대표 역사적 사실:** 일제가 남긴 귀속 재산 관리를 목적으로 신한 공사 설립

해품사 예측 근거

대한민국 광복~정부 수립 유형은 현대사 파트를 시작하는 대표적인 흐름형 유형으로, 비교적 흐름형 유형의 출제 비중이 낮은 현대 파트에서 난이도를 높이기 위해 출제하는 대표적인 사례이기 때문에 사건의 흐름 파악은 필수적입니다.

📁 여기서 무조건 나온다! 저격 키워드 기출 선지 싹 모음

선지
김구, 김규식 등이 남북 협상에 참여하였다. (47, 54, 69, 71회)
덕수궁 석조전에서 제1차 미소 공동 위원회가 개최되었다. (51, 55회)
모스크바 3국 외상 회의가 개최되었다. (51, 55, 57, 60, 66, 69회)
우리나라 최초의 보통 선거인 5·10 총선거가 실시되었다. (47, 55, 64회)
유엔 총회에서 인구 비례에 의한 남북 총선거가 의결되었다. (48, 51, 57, 58, 60회)
이승만이 정읍 발언을 통해 단독 정부 수립을 주장하였다. (48, 54, 68회)
조선 건국 준비 위원회에서 조선 인민 공화국을 선포하였다. (47, 48, 58, 64회)
좌우 합작 위원회는 좌우 합작 7원칙을 발표하였다. (47, 49, 51, 55, 56, 57, 58, 60, 62, 64, 65, 66, 68, 69회)

저격키워드
#6 · 25 전쟁

 쉽게 나올 경우
- ✓ **관련 사실:** 국민 방위군 사건, 국민 보도 연맹, 발췌 개헌안 통과, 부산 임시 수도

 어렵게 나올 경우
- ✓ **대표 사건 흐름:** 낙동강 전선에서 대립(예) 다부동 전투) → 인천 상륙 작전 전개 → 서울 수복 및 압록강 유역 진출 → 중공군 개입 → 흥남 철수 작전 전개 → 1·4 후퇴 → 개성에서 첫 정전(휴전) 회담 개최 → 반공 포로 석방 → 판문점에서 정전 협정 체결

 **해품사 예측 근거**

6·25 전쟁 유형은 한능검 급수 체계 개편 이후 빈출도가 늘어난 현대 파트의 대표 주제로, 크게 전쟁 시기에 발생한 사실형 유형과 관련 사건의 흐름형 유형을 중심으로 출제합니다. 실제로 1년에 최소 2번 이상은 반드시 출제되는 빈출 유형이므로 반드시 공략하는 것을 권장합니다.

 여기서 무조건 나온다! 저격 키워드 기출 선지 싹 모음

선지
6·25 전쟁 때 **국민 방위군 사건**이 발생하였다. (58, 61, 63, 64, 72회)
6·25 전쟁 때 국군이 **다부동 전투**에서 북한군의 공세를 방어하였다. (55회)
6·25 전쟁 때 **부산이 임시 수도**로 정해졌다. (61, 65회)
6·25 전쟁 때 **반공 포로가 석방**되었다. (58, 63, 68회)
6·25 전쟁 때 **비상계엄**이 선포된 가운데 **발췌 개헌안**이 통과되었다. (51, 52, 59, 66, 68, 70, 72, 74회)
6·25 전쟁 때 유엔군이 **인천 상륙 작전**을 전개하였다. (61, 62, 66, 68회)
6·25 전쟁 때 **흥남에서 대규모 철수 작전**이 전개되었다. (51, 55, 61, 68, 69회)

 헷갈리지 말자! 빈출 오답 키워드
*빈출 오답 키워드는 저격 키워드와 함께 자주 출제되는 키워드입니다.

#6 · 25전쟁 배경 & 영향

선지
6·25 전쟁 이전인 1950년 1월 미국의 극동 방위선을 규정한 **애치슨 라인**이 발표되었다. (51, 55, 61, 62, 64, 65, 66, 69, 70, 71회)
6·25 전쟁 휴전 협정 이후인 1953년 10월 **한미 상호 방위 조약**이 체결되었다. (51, 59, 61, 64, 65, 68, 69, 74회)

저격키워드
#박정희 정부

why? 해품사 예측 근거

박정희 정부는 해방 이후 가장 오래 지속된 정권이기 때문에 거의 매회 출제되는 현대사의 대표적인 빈출 주제입니다. 특히 재임 기간을 고려하여 매 회차마다 상당히 많은 키워드를 활용하여 출제되었습니다.

쉽게 나올 경우

- ☑ **정치**: 국민 교육 헌장, 새마을 운동, 3선 개헌(제6차 개헌), 유신 헌법(제7차 개헌) 및 통일 주체 국민 회의
- ☑ **경제**: 경부 고속 도로 개통, 제1차~제3차 경제 개발 5개년 계획 시행[제1~2차-경공업, 제3~4차-중화학 공업(예 포항 제철)], 제1·2차 석유 파동
- ☑ **민주화 운동 및 사건**: 3·1 민주 구국 선언(긴급 조치 철폐 요구), 전태일 분신 사건, 6·3시위, YH 무역 농성 사건→ 부·마 민주 항쟁
- ☑ **외교**: 한·일 기본 조약 체결, 7·4 남북 공동 성명(남북 조절 위원회), 연간 수출액 100억 달러 달성 (1977)

어렵게 나올 경우

- ☑ **정치**: 인민 혁명당 재건위 사건, 중학교 무시험 진학 제도
- ☑ **경제**: 8·3 조치
- ☑ **민주화 운동 및 사건**: 광주 대단지 사건, 개헌 청원 100만인 서명 운동(장준하), 함평 고구마 피해 보상 투쟁
- ☑ **외교**: 서독 광부 파견, 브라운 각서, 남북 적십자 회담

📁 **여기서 무조건 나온다! 저격 키워드 기출 선지 싹 모음**

선지
박정희 정부 때 **경부 고속 도로가 개통**되었다. (48, 51, 56, 64, 72회)
박정희 정부 때 **국민 교육 헌장**이 발표되었다. (49, 56, 57, 69, 71회)
박정희 정부 때 농촌의 근대화를 표방한 **새마을 운동**이 전개되었다. (56, 57, 60회)
박정희 정부 때 **통일 주체 국민 회의**에서 대통령이 선출되었다. (58, 59, 62, 67, 71, 72회)
박정희 정부 때 **제3차 경제 개발 5개년 계획**을 추진하며 **포항 제철소 1기가 준공**되었다. (53, 58, 69회)
박정희 정부 때 **7·4 남북 공동 성명**을 실천하기 위해 **남북 조절 위원회**를 구성하였다. (47, 48, 50, 51, 52, 53, 56, 57, 58, 59, 60, 61, 62, 63, 64, 65, 67, 68, 69, 70, 71, 73회)
박정희 정부 때 굴욕적인 한일 국교 정상화에 반대하는 **6·3 시위**가 일어났다. (50, 52, 53, 54, 55, 60, 61, 62, 63, 64, 69, 72회)

저격키워드
#김영삼 정부

쉽게 나올 경우
- ✓ **정치**: 역사 바로 세우기 운동(경복궁 내 옛 조선 총독부 철거, 국민학교 명칭을 초등학교로 변경)
- ✓ **경제**: 금융 실명제 실시
- ✓ **외교**: 경제 협력 개발 기구(OECD) 가입, 국제 통화 기금(IMF) 구제 금융 요청

어렵게 나올 경우
- ✓ **정치**: 하나회 숙청(군 내부 사조직 해체)
- ✓ **사회**: 전국 민주 노동조합 총연맹(민주노총) 창립
- ✓ **외교**: 우루과이 라운드 협상 타결, 세계 무역 기구(WTO) 가입,
- ✓ **사건**: 삼풍 백화점 붕괴 사고 발생

해품사 예측 근거

역대 정부의 업적 또는 역사적 사실 유형은 거의 매회 반드시 출제되는 편입니다. 특히 최근 약 5회 연속 김영삼 정부와 관련된 유형이 출제되지 않았기 때문에, 75회차에 다시 출제될 가능성을 고려할 필요가 있습니다.

📁 여기서 무조건 나온다! 저격 키워드 기출 선지 싹 모음

선지
김영삼 정부 때 경제 협력 개발 기구(OECD) 회원국이 되었다. (47, 48, 50, 51, 54, 56, 60, 63, 64, 70회)
김영삼 정부 때 국민학교라는 명칭을 초등학교로 변경하였다. (48회)
김영삼 정부 때 대통령 긴급 명령으로 금융 실명제를 실시하였다. (47, 49, 51, 52, 53, 55, 57, 58, 60, 61, 62, 66, 68, 69, 73회)
김영삼 정부 때 삼풍 백화점 붕괴 사고가 일어났다. (68, 72회)
김영삼 정부 때 역사 바로 세우기를 내세우며 옛 조선 총독부 건물을 철거하였다. (69회)
김영삼 정부 때 전국 민주 노동조합 총연맹이 창립되었다. (52, 54, 59, 62, 70, 73회)

저격키워드
#현대의 개헌

 해품사 예측 근거

 쉽게 나올 경우
- ✓ **이승만 정부**: 발췌 개헌(제1차, 1952-계엄령 아래 기립 표결로 시행, 대통령 직선제 규정), 사사오입 개헌(제2차, 1954-초대 대통령에 한해 중임 제한 철폐, 호헌 동지회 결성 계기, 3·1 민주 구국 운동 발생 계기)
- ✓ **박정희 정부**: 3선 개헌(제6차, 1969-대통령의 3선 연임 가능), 유신 헌법(제7차, 1972-대통령이 국회 의원 1/3 추천 권한 보유, 임기 6년, 통일 주체 국민 회의에서 대통령 간선제 선출, 대통령의 국회 해산권)
- ✓ **전두환 정부**: 제8차 개헌(1980-대통령 선거인단에서 대통령 간선제 선출, 대통령 임기 7년 단임), 9차 개헌(1987-5년 단임의 대통령 직선제 실시)

 어렵게 나올 경우
- ✓ **허정 과도 정부**: 제3차 개헌(1960-민의원, 참의원의 양원제 시행) → 장면 내각 출범, 제4차 개헌(1960-3·15 부정 선거 관련자 처벌 규정)

현대의 개헌 유형은 현대 파트에서 가장 난이도가 높은 유형으로, 각 정부의 개헌 사례 및 특징을 파악하는 것이 중요합니다. 특히 이 유형은 최근 회차로 올수록 일 년에 한 번 정도는 언급될 정도로 출제 비중이 늘어났기 때문에, 올해 남은 회차 중 한 번 정도 출제할 수 있는 가능성이 높습니다.

여기서 무조건 나온다! 저격 키워드 기출 선지 싹 모음

선지
발췌 개헌은 계엄령 아래 국회에서 기립 표결로 통과되었다. (50회)
사사오입 개헌의 결과 초대 대통령에 한하여 중임 제한이 철폐되었다. (58, 67, 73회)
사사오입 개헌은 호헌 동지회 결성의 배경이 되었다. (50, 70회)
박정희 정부 때 대통령의 3선 연임을 허용하는 개헌안이 통과되었다. (49, 55, 60회)
유신 헌법은 대통령에게 국회 해산권을 부여하였다. (60회)
유신 헌법은 대통령의 국회의원 1/3 추천 조항을 담고 있다. (47, 50, 67, 70회)
유신 헌법 발표 이후 긴급 조치 철폐 등을 포함한 3·1 민주 구국 선언이 발표되었다. (47, 50, 51, 52, 53, 54, 58, 59, 62, 64, 65, 66, 67, 69, 70회)
8차 개헌은 대통령의 임기를 7년 단임제로 정하였다. (60회)

저격키워드
#6월 민주 항쟁

쉽게 나올 경우
- ✅ **배경:** 전두환 정부의 4·13 호헌 조치 발표, 박종철 고문치사 사건 및 이한열 열사의 최루탄 피격 등 발생
- ✅ **전개:** 호헌 철폐 및 독재 타도 주장
- ✅ **영향:** 5년 단임 대통령 직선제 개헌 시행

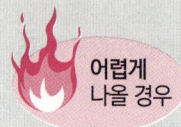
어렵게 나올 경우
- ✅ **영향:** 6·29 민주화 선언 발표

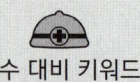
통수 대비 키워드
#5·18 광주 민주화 운동
- ✅ **배경:** 신군부의 비상 계엄 확대 및 무력 진압 저항
- ✅ **전개:** 금남로 및 전남도청 등에서 자발적으로 조직된 시민군이 계엄군에 저항함, 윤상원 열사 등의 활동
- ✅ **영향:** 관련 기록물 세계 기록 유산 등재(*4·19 혁명도 동일함)

해품사 예측 근거

6월 민주 항쟁은 1년에 최소 2번 이상은 반드시 출제되는 현대 파트의 대표적인 빈출 주제로, 크게 4·19 혁명, 5·18 광주 민주화 운동, 6월 민주 항쟁을 출제합니다. 최근 회차에서 4·19 혁명 및 5·18 광주 민주화 운동이 이미 출제되었으며, 특히 6월 민주 항쟁은 출제 빈도가 가장 높기 때문에 더욱 주목하는 것을 권장합니다.

*통수 대비 키워드란?
저격 키워드 대신 기습적으로 출제될 수 있는 유력 키워드로, 출제 확률이 높을 경우 수록됩니다.

📁 여기서 무조건 나온다! 저격 키워드 기출 선지 싹 모음

선지
6월 민주 항쟁 직전에 시위 도중 대학생 이한열이 희생되었다. (48, 51, 62, 69, 74회)
6월 민주 항쟁 때 박종철 고문 치사 사건의 진상 규명을 요구하였다. (48, 55, 60, 62회)
6월 민주 항쟁 때 호헌 철폐, 독재 타도 등의 구호를 내세웠다. (48, 50, 51, 53, 55, 56, 57, 58, 59, 60, 61, 62, 66, 69, 73, 74회)
6월 민주 항쟁의 결과 직선제 개헌을 약속한 6·29 선언을 이끌어냈다. (71, 73회)
6월 민주 항쟁의 결과 5년 단임의 대통령 직선제 개헌을 이끌어냈다. (49, 50, 54, 63, 64, 65, 67, 68, 72, 73, 74회)

🪖 통수 조심! 통수 대비 키워드 기출 선지 싹 모음

선지
5·18 광주 민주화 운동 관련 기록물이 유네스코 세계 기록 유산으로 등재되었다. (48, 53, 57, 58, 61, 63, 69회)
5·18 광주 민주화 운동 때 시위 과정에서 시민군이 자발적으로 조직되었다. (55, 64, 66, 68, 71, 72, 73, 74회)
5·18 광주 민주화 운동 때 신군부의 비상계엄 확대와 무력 진압에 저항하였다. (47, 49, 51, 53, 57, 58, 60, 62, 64회)

저격키워드
#노태우 정부의 통일 노력

쉽게 나올 경우

- ✅ **외교**: 북방 외교 및 국교 수립(⑩ 소련, 중국, 헝가리 등), 서울 올림픽 개최(1988)
- ✅ **통일**: 남북한 유엔(UN) 동시 가입, 남북 기본 합의서(남북 사이의 화해와 불가침 및 교류 협력에 관한 합의서), 한반도 비핵화 공동 선언 발표
- **#해품사 암기 힌트** 유엔(남북한 유엔 동시 가입)은 기본적으로(남북 기본 합의서) 비핵화(한반도 비핵화 공동 선언)를 좋아한다.

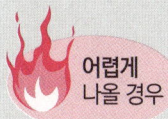
어렵게 나올 경우

- ✅ **정치**: 3당 합당(민주자유당 창당)
- ✅ **통일**: 민족 자존과 통일 번영을 위한 7·7 선언 발표

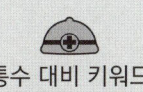
통수 대비 키워드
#김대중 정부

- ✅ **정치**: 최초의 여야 평화적 정권 교체, 국가 인권 위원회 및 여성부 신설, 국민 기초 생활 보장법 제정, 노사정 위원회 신설, 금 모으기 운동 전개 → 국제 통화 기금(IMF) 조기 상환, 중학교 의무 교육 전국 시행
- ✅ **외교**: 부산 아시안 게임 개최, 한일 월드컵 공동 개최
- ✅ **통일**: 최초의 남북 정상 회담 개최 → 6·15 남북 공동 선언 발표, 개성 공단 설치 합의, 경의선 복원 사업 시행, 금강산 해로 관광 사업 시작

해품사 예측 근거

역대 정부의 통일 노력은 현대 파트의 대표적인 빈출 주제로, 주로 노태우 정부, 김대중 정부, 노무현 정부를 중심으로 출제합니다. 특히 직전 회차에서 김대중 정부의 업적과 노무현 정부의 통일 노력 사례를 제시하였으므로, 75회차에는 노태우 정부와 관련된 유형이 출제될 가능성이 매우 높습니다.

*통수 대비 키워드란?
저격 키워드 대신 기습적으로 출제될 수 있는 유력 키워드로, 출제 확률이 높을 경우 수록됩니다.

📁 여기서 무조건 나온다! 저격 키워드 기출 선지 싹 모음

선지
노태우 정부 때 **남북 사이의 화해와 불가침 및 교류·협력에 관한 합의서**를 채택하였다. (47, 51, 53, 57, 58, 64, 68, 71, 72회)
노태우 정부 때 **남북한이 국제 연합(UN)에 동시 가입**하였다. (49, 50, 57, 59, 61, 63, 67, 68, 73, 74회)
노태우 정부 때 **한반도 비핵화 공동 선언**에 합의하였다. (47, 48, 49, 50, 52, 53, 56, 61, 62, 65, 71회)

 통수 조심! 통수 대비 키워드 기출 선지 싹 모음

선지
김대중 정부 때 남북 교류 협력을 위한 **개성 공업 지구 조성**에 합의하였다. (48, 53, 59, 60, 63, 64, 73회)
김대중 정부 때 남북 경제 교류 증진을 위한 **경의선 복원 공사**가 시작되었다. (55회)
김대중 정부 때 **남북 정상 회담을 최초로 개최**하였다. (51, 56회)
김대중 정부 때 **6·15 남북 공동 선언**을 채택하였다. (58, 61, 65, 66, 68, 71회)

※ 교재 내 수록된 사진 자료 출처
  • 국사편찬위원회 우리역사넷
  • 국가유산청 국가유산포털
  • 문화체육관광부 국립중앙박물관(e뮤지엄)
  • 위키백과_퍼블릭 도메인

2025년도 제75회 저격 한국사능력검정시험

정답 및 해설

2025 제75회 저격 한국사능력검정시험

정답 및 해설

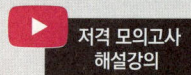

제75회 저격 한국사능력검정시험 정답 한눈에 보기

01 ③	02 ③	03 ⑤	04 ④	05 ①	06 ④	07 ③	08 ③	09 ⑤	10 ②
11 ⑤	12 ⑤	13 ③	14 ③	15 ②	16 ①	17 ②	18 ①	19 ⑤	20 ④
21 ②	22 ④	23 ①	24 ②	25 ②	26 ④	27 ②	28 ③	29 ⑤	30 ①
31 ⑤	32 ⑤	33 ①	34 ②	35 ①	36 ⑤	37 ④	38 ④	39 ②	40 ④
41 ③	42 ②	43 ⑤	44 ①	45 ④	46 ①	47 ②	48 ④	49 ④	50 ①

1. 정답 ③

문제 키워드 추출
☑ 주먹도끼, 찍개, 뗀석기

문제에서 구석기 시대의 대표적인 유물인 주먹도끼와 찍개 등 뗀석기를 언급하였으므로, 구석기 시대의 생활 상과 사례와 관련된 ③번 선지가 정답입니다!

선지 분석
① 청동기 시대에는 반달 돌칼을 이용하여 곡식을 수확하였다.
② 신석기 시대에는 가락바퀴와 뼈바늘을 이용하여 원시적인 수공업이 이루어졌다.
③ 구석기 시대에는 주변의 동굴 또는 바위 그늘에 거주하거나 막집을 따로 지어 살았다.
④ 철기 시대에는 명도전, 반량전 등의 화폐를 사용하여 중국과 교류하였다.
⑤ 초기 철기 시대에는 거푸집을 이용하여 세형동검을 제작하였다.

➕ 해품사의 출제 저격

1번의 구석기 시대 유형은 문제에서 슴베찌르개, 주먹도끼, 찍개 등의 뗀석기 키워드를 제시하고, 정답 선지로 동굴 및 막집에서 거주하였다는 사실을 제시하는 경우가 거의 대부분입니다. 즉 한능검에서 구석기 시대를 출제할 경우, 출제 방식이 매우 단조로우므로 핵심 키워드를 확실히 암기하여 공략하는 것을 권장합니다.

2. 정답 ③

문제 키워드 추출
☑ 마가 · 우가 · 구가

문제에서 동물의 이름을 따서 지은 부여의 대표적인 관직인 마가, 우가, 구가를 언급하였으므로, 부여의 제천 행사와 관련된 ③번 선지가 정답입니다!

선지분석
① 삼한에는 제사장인 천군이 다스리는 신성 지역인 소도가 존재하였다.
② 옥저는 여자의 나이가 열 살이 되기 전 혼인을 약속한 뒤 신랑 집에서 기르다가, 여자가 장성하면 집으로 돌아간 뒤 신랑 집에서 돈을 지불하고 다시 데려와 아내로 삼는 혼인 풍습인 민며느리제가 유행하였다.
③ 부여는 매년 12월에 추수를 마치면 하늘에 제사를 지내고 음주가무를 즐기는 제천 행사인 영고를 열었다.
④ 고구려에는 상가, 사자, 대로, 조의, 선인, 패자 등의 관직이 있었다.
⑤ 고조선에는 사회 질서의 유지를 위해 다양한 범죄에 대한 형벌을 규정한 범금 8조라는 제도가 존재하였다.

➕ 해품사의 출제 저격

여러 국가의 성장과 관련된 유형은 각 국가와 관련된 관직, 지역, 특산물, 풍습 등 다양한 키워드를 활용하여 출제될 가능성이 높은 편입니다. 단, 가끔씩 난도를 높이기 위해 각 국가와 관련된 대표 사료를 활용한 문제를 출제할 수 있기 때문에, 각 국가와 관련된 사료를 한 번씩이라도 읽어보는 것을 권장합니다. 특히 기출에서 **부여**가 출제될 경우, 사출도 또는 영고를 힌트로 제시할 가능성이 매우 높습니다!

3. 정답 ⑤

문제 키워드 추출
✓ **전진으로부터 불교를 수용함, 태학을 설립**

문제에서 고구려 소수림왕이 중국 전진의 승려로부터 불교를 수용한 것과 소수림왕 재위 당시 설립된 국립 교육 기관인 태학이 제시되었으므로, 고구려 소수림왕 때 통치 체제를 정비한 사실을 언급한 ⑤번 선지가 정답입니다.

선지분석
① 고구려 광개토 대왕은 우리나라 역사상 최초로 **독자적인 연호**인 **영락**을 사용하였다.
② 고구려 장수왕은 남진 정책을 추진하기 위해 **국내성에서 평양으로 천도**하였다.
③ 고구려 미천왕 때 요동 지역에 위치한 **서안평을 점령**하고, 한사군 중 하나인 **낙랑군을 축출**하였다.
④ 고구려 고국천왕 때 흉년 또는 춘궁기에 곡식을 빌려주고 가을에 갚는 방식의 **빈민 구제 제도**인 **진대법**을 실시하였다.
⑤ **고구려 소수림왕**은 고국원왕 이후에 즉위하여, **불교 공인, 율령 반포, 태학 설립** 등 정책을 실시하여 국가 체제를 정비하였다.

➕ 해품사의 출제 저격

삼국 시대의 왕 업적 유형은 각 왕의 활동과 관련된 사료 또는 키워드를 활용하여 출제될 가능성이 높습니다. 특히 **고구려 소수림왕**을 출제할 경우 자주 언급되는 키워드가 반복해서 출제될 가능성이 높으므로, 불교 수용, 율령 반포, 태학 설립이라는 핵심 키워드를 반드시 기억하는 것을 권장합니다.

4. 정답 ④

문제 키워드 추출
✓ **중국 남조의 영향을 받아 벽돌로 축조한 (가)의 무덤**

문제에서 중국 남조 양나라의 영향을 받아 벽돌무덤 양식으로 축조된 무령왕릉과 관련된 사실을 언급하였으므로, 무령왕의 대표적인 정책 사례가 제시된 ④번 선지가 정답입니다!

선지분석
① 백제 무왕은 전라북도 익산에 **미륵사를 창건**하였다.
② 백제 근초고왕은 **고흥**으로 하여금 역사서인 『**서기**』를 편찬하게 하였다.
③ 백제 침류왕 때 중국의 동진으로부터 온 승려인 **마라난타**를 통해 **불교를 수용**하였다.
④ **백제 무령왕**은 **지방 지배의 거점**으로 **22담로를 설치**한 뒤 왕족을 파견하여 관리하였다.
⑤ 백제 성왕은 신라 진흥왕과 연합하여 **고구려를 공격**한 뒤, 일시적으로 **한강 하류 지역을 회복**하였다.

➕ 해품사의 출제 저격

삼국 시대의 왕 업적 유형은 각 왕의 활동과 관련된 사료 또는 키워드를 활용하여 출제될 가능성이 높습니다. 특히 한능검에서 **백제 무령왕**을 출제할 경우 무령왕릉과 관련된 키워드로 22담로에 왕족을 파견하였다는 사실이 제시될 가능성이 높습니다.

5. 정답 ①

문제 키워드 추출
✓ **김수로왕**

문제에서 금관가야의 건국자인 김수로왕을 언급하였으므로, 금관가야의 멸망 과정과 관련된 사실이 제시된 ①번 선지가 정답입니다!

선지분석

① 신라 법흥왕 때 **금관가야**의 마지막 왕족인 김구해가 신라에 항복하며 금관가야를 병합하였다.
② 고구려는 매년 10월에 **동맹**이라는 제천 행사를 즐겼다.
③ 신라의 골품제는 정해진 신분에 따라 부여되는 혜택에 차이를 두었다.
④ 백제는 부여 호암리에 위치한 **정사암에 모여 귀족 회의를 개최**하였다.
⑤ 고조선에는 **왕 아래에 상, 대부, 장군 등의 관직이 존재**하였다.

➕ 해품사의 출제 저격

한능검에서 가야 유형은 기본적으로 김수로왕, 철의 생산량이 높음, 고분(김해 대성동 및 고령 지산동), 신라에 의해 멸망하였다는 키워드만 암기해도 거의 공략할 수 있는 유형입니다. 특히 한능검에서는 금관가야·대가야와 관련된 사실을 정확히 구별하지 못하더라도 **가야**와 관련된 전반적인 사실만 이해하면 쉽게 풀이할 수 있습니다.

6. 정답 ④

문제 키워드 추출
☑ 기벌포, 흑치상지, 복신, 검모잠, 안승

(가) 기벌포 전투(신라 30대 문무왕, 676): 나당 전쟁 당시 신라가 당나라 수군에 승리한 전투
(나) 백제의 부흥 운동(660~663): 흑치상지, 복신 (백제의 부흥 운동을 주도한 대표적인 인물들)
(다) 고구려의 부흥 운동(668~673): 검모잠, 안승 (고구려의 부흥 운동을 주도한 대표적인 인물들)

신라 삼국 통일의 흐름은 **백제의 부흥 운동(나) → 고구려의 부흥 운동(다) → 나당 전쟁(가)** 순으로 발생하였습니다!

➕ 해품사의 출제 저격

삼국 통일 과정 유형은 크게 두 시기 사이 유형, 순서 유형(가-나-다 순서 파악), 연표 유형 등으로 출제됩니다. 특히 최근 기출에서는 두 시기 사이 유형이 출제되지 않았으므로 오랜만에 이 출제 방식을 재응용할 가능성이 높습니다.

7. 정답 ③

문제 키워드 추출
☑ 일본 도다이사 쇼소인에서 발견된 문서

문제에서 통일 신라의 촌락 문서(민정 문서)인 일본 도다이사 쇼소인에서 발견된 문서가 언급되었으므로, 통일 신라의 무역항과 관련된 사례가 언급된 ③번 선지가 정답입니다!

선지분석

① 가야는 **철을 많이 생산**하였기 때문에 덩이쇠를 **화폐로 사용**하였으며, 낙랑 및 왜 등 주변 국가에 철을 수출하기도 하였다.
② 고구려는 집집마다 **부경**이라는 창고를 통해 곡식을 저장하였다.
③ **통일 신라**는 울산항, 당항성이 **무역항**으로 **번성**하였다.
④ 고려 숙종 때 **삼한통보, 해동통보, 활구(은병)** 등 다양한 화폐를 주조하였다.
⑤ 소를 이용한 깊이갈이(우경)에 대한 기록은 **신라 지증왕 때 처음으로 등장**한다.

➕ 해품사의 출제 저격

한능검에서 고대의 경제 유형은 주로 **통일 신라의 경제 상황**을 출제하는 경우가 많습니다. 만약 한능검에서 이 유형을 출제하면 무역항, 외교, 촌락 문서 등 자주 출제되는 키워드를 반드시 암기하는 것을 권장합니다.

8. 정답 ③

문제 키워드 추출
☑ 시무책 10여 조

문제에서 최치원이 진성 여왕에게 올린 정치 개혁안인 「시무책 10여 조」가 언급되었으므로, 최치원이 지은 대표적인 글을 언급한 ③번 선지가 정답입니다!

선지분석
① 신라 진덕 여왕 때인 648년에 김춘추가 당나라로 넘어가 당 태종과 군사 동맹을 성사시켰다.
② 통일 신라의 승려 혜초는 고대 인도 및 중앙아시아의 국가들을 답사한 뒤 기행문인 『왕오천축국전』을 저술하였다.
③ 통일 신라의 최치원은 당나라에서 황소의 난이 발생할 당시 항복을 권유하는 글인 「격황소서」를 작성하였다.
④ 신라의 강수는 당나라에 붙잡힌 김인문을 석방시킬 것을 요구하는 외교문서 「청방인문표」를 작성하였다.
⑤ 통일 신라의 설총은 한자의 음과 훈을 빌려 우리말을 표기할 수 있는 표기법인 이두를 정리하였다.

➕ **해품사의 출제 저격**
인물 유형은 기본적으로 다양한 방식을 활용하여 출제하지만, 정답이 되는 인물의 키워드를 반드시 제시합니다. 고대의 경우 공략할 인물이 비교적 많지 않기 때문에, 오히려 정답 선지보다 오답 선지로 자주 언급되는 인물들의 선지를 혼동하지 않도록 주의할 필요가 있습니다. 특히 최치원의 경우 「시무책 10여 조」와 6두품이라는 키워드가 직접적으로 언급될 가능성이 높습니다.

9. 정답 ⑤

문제 키워드 추출
☑ 해동성국

문제에서 발해 선왕이 재위할 당시 발해의 별명인, 동쪽의 융성한 나라라는 뜻의 해동성국을 힌트로 제시하였으므로, 발해의 국립 교육 기관인 주자감을 언급한 ⑤번 선지가 정답입니다!

선지분석
① 고구려는 국립 교육 기관인 태학과 미성년 학교인 경당을 운영하였다.
② 통일 신라 신문왕 때 군사 조직으로 9서당 10정을 운영하였다.
③ 신라는 진골 귀족으로 구성된 귀족 회의인 화백 회의를 만장일치제로 운영하였다.
④ 동예의 특산물로는 단궁(짧은 활), 과하마(키가 작은 조랑말), 반어피(바다가죽 표범)가 유명하였다.
⑤ 발해는 국립 교육 기관으로 주자감을 설치하여 유학 교육을 실시하였다.

➕ **해품사의 출제 저격**
발해는 대표 왕의 업적, 문화유산, 외교, 정치 등 여러 키워드를 활용하여 출제할 수 있습니다. 특히 최근 회차에서 발해의 문화유산 사례 또는 경제 상황을 파악하는 유형도 이미 출제되었으므로, 최근 출제되지 않았던 국가 관련 전반적인 사실 유형이 출제되거나, 특정 왕의 업적 유형이 출제될 가능성에 주목하는 것을 권장합니다.

10. 정답 ②

문제 키워드 추출
☑ 김부에게 왕위를 잇게 함, 신검

문제에서 후백제의 견훤이 경애왕을 피살한 뒤 김부(경순왕)를 즉위시킨 것과 견훤의 첫째 아들로, 반란을 일으켜 견훤을 금산사에 유폐시킨 신검 키워드를 언급하였으므로, 견훤이 고려에게 승리한 전투 사례가 제시된 ②번 선지가 정답입니다!

선지분석
① 궁예는 후고구려의 최고 중앙 관서로 광평성이라는 기구를 설치하였다.
② 후백제의 견훤은 고려와의 전투 중 공산 전투에서 승리하였고, 고창 전투에서 패배하였다.
③ 신라 하대에는 장보고가 청해진이라는 해상 무역 기지를 설치하여 동아시아의 해상 무역을 장악하였다.

④ 궁예가 건국한 후고구려는 마진이라는 국호와 무태라는 연호를 사용하였으며, 송악에서 철원으로 천도하였다.
⑤ 고려 왕건은 관리의 규범을 제시할 목적으로 『정계』 및 『계백료서』를 지었다.

➕ 해품사의 출제 저격

최근 후삼국 파트에서 인물 유형을 출제할 경우, 각 인물이 세운 국가와 관련된 키워드, 또는 각 국가 간의 전투 사례를 언급하는 비중이 늘어났습니다. 특히 견훤의 공산 전투의 승리와 고창 전투의 패배 키워드는 견훤과 왕건을 출제할 때 자주 활용하는 대표적인 키워드입니다. 또한 견훤이나 궁예와 관련된 사실을 간접적으로 묻기 위해 후백제, 후고구려와 관련된 사실을 출제할 수도 있습니다.

11. 정답 ⑤

문제 키워드 추출
☑ 12목

문제에서 고려 성종 때 정비된 지방 행정 조직인 12목을 언급하였으므로, 고려 성종에게 유학 정치의 실현을 건의한 최승로가 언급된 ⑤번 선지가 정답입니다!

선지분석
① 고려 경종은 전시과 제도를 처음 시행하여 관리에게 수조권을 부여하는 전지와 땔감을 거둘 수 있는 시지를 지급하였다.
② 고려 왕건 때 후삼국 통일에 기여한 공신에게 공로와 인품을 기준으로 역분전을 지급하였다.
③ 고려 예종 때 관학 진흥을 위해 국자감 내에 장학 재단인 양현고와 전문 강좌인 7재를 마련하였다.
④ 고려의 광종은 왕권 강화 및 호족의 경제적 기반 약화와 국가의 재정 확보를 위한 목적으로 억울하게 노비가 된 자들을 양인으로 해방시키는 노비안검법을 실시하였다.
⑤ 최승로는 고려 성종에게 불교를 비판하고 유교 정치의 실현을 건의하는 내용을 담은 「시무 28조」를 올렸다.

➕ 해품사의 출제 저격

고려 전기의 왕 업적 유형은 주로 왕건, 광종, 성종의 업적을 파악하는 단일 유형 또는 왕건~현종의 업적의 흐름을 파악하는 유형으로 출제됩니다. 특히 한능검에서 고려 성종을 출제할 경우 지방과 관련된 키워드(예 경학박사 및 의학박사 파견, 향리제 등)나 숫자가 포함된 키워드(예 12목, 「최승로의 시무 28조」)가 언급될 가능성이 높습니다.

12. 정답 ⑤

문제 키워드 추출
☑ 최충헌, 정방

문제에서 무신 정권 시기 최충헌이 명종을 유폐시킨 사건과 무신 정권기 인사 행정 기구인 정방이 제시되었으므로 최충헌이 국정 장악을 위해 설치한 정치 기구인 교정도감이 언급된 ⑤번 선지가 정답입니다!

선지분석
① 고려 인종 때 묘청은 고려의 수도를 개경에서 서경(평양)으로 옮길 것을 주장하는 서경 천도 운동을 추진하였다.
② 삼별초는 몽골과의 강화 이후 개경 환도 결정에 반발하여 강화도-진도(용장성, 배중손)-제주도(항파두리성, 김통정)로 근거지를 옮기며 끝까지 항전하였다.
③ 고려 인종 때 이자겸과 척준경이 반란을 주도하여 권력을 일시적으로 찬탈하였다.
④ 원 간섭기 때 중서문하성과 상서성을 합쳐 첨의부로 격하시켰다.
⑤ 무신 정권인 최충헌 정권 때 최고 정치 기구로 교정도감을 설치한 뒤 교정도감의 수장인 교정별감을 역임하며 국정을 총괄하였다.

➕ 해품사의 출제 저격

무신 정권 유형의 경우 크게 집권자별 대표 반란 사례와 업적을 구별하는 것이 중요하며, 특히 각 반란과 관련된 대표 사료들이 있기 때문에 사료 원문을 한 번씩이라도 읽는 것을 권장합니다. 또한 직전 회차에 무신 정권의 역사적 사실과 관련된 흐름형 유형이 출제되었으므로, 이번 회차에는 무신 정권과 관련된 단순 역사적 사실 유형 또는 특정 무신 정권 집권자와 관련된 업적 유형이 출제될 가능성이 있습니다.

13. 정답 ③

문제 키워드 추출
- ☑ (가)의 침략에 맞서 고려가 강화도로 천도함

문제에서 최우 정권이 대몽 항쟁을 지속하기 위해 강화도로 천도한 정책 사례를 언급하였으므로, 몽골의 침략을 방어한 전투 사례가 제시된 ③번 선지가 정답입니다!

선지분석
① 고려 정종 때 거란의 침략에 대비하기 위해 농민으로 구성된 예비 군사 조직인 **광군**을 조직하였다.
② 거란의 제1차 침입 당시 서희는 거란 장수 소손녕과의 외교 담판을 통해 **강동 6주**를 획득하였다.
③ **김윤후**는 **몽골**의 제2차 침입 당시 **처인성**에서 **적장 살리타를 사살**하였다.
④ 고려 우왕 때 최무선은 왜구 격퇴를 위한 화약 및 화포 개발을 목적으로 **화통도감**의 설치를 건의하였다.
⑤ 고려 숙종 때 여진의 침입에 대응하기 위해 **신기군, 신보군, 항마군**으로 편성된 **별무반**을 조직하였다.

➕ 해품사의 출제 저격
고려의 외세 방어 유형에서 몽골을 출제할 경우, 주로 김윤후의 항쟁 사례 또는 최우의 강화 천도를 힌트로 제시할 가능성이 높습니다. 특히 최근 기출 경향상 **몽골**의 침략에 대한 고려의 대응이 흐름형 유형으로 출제될 가능성도 고려할 필요가 있습니다.

14. 정답 ③

문제 키워드 추출
- ☑ 공녀

문제에서 원 간섭기 때 원나라에 끌려간 고려의 젊은 여성들인 공녀 키워드를 통해 원나라의 간섭 사례를 제시하였으므로, 일본 원정을 위해 고려에 설치된 기구를 언급한 ㄴ 선지와 원 간섭기 때 유행한 몽골풍을 언급한 ㄷ 선지를 고를 필요가 있었습니다!

선지분석
ㄱ. 고려 문종 때 **최충**은 최초의 사립 교육기관인 **문헌공도(9재 학당)**를 설립하였다.
ㄴ. **원 간섭기** 때 **일본 원정**을 위한 일종의 사령부로서 **정동행성**을 설치하였다.
ㄷ. **원 간섭기** 때 지배층을 중심으로 **원의 풍습**인 변발과 **원의 복장**인 호복이 유행하였다.
ㄹ. 고려 광종 때 쌍기의 건의로 관리 임용 제도인 **과거제**가 처음 시행되었다.

➕ 해품사의 출제 저격
원 간섭기의 사회상 유형은 원 간섭기 시기의 관제 격하, 영토 상실, 원나라의 간섭 사례와 관련된 키워드를 전반적으로 공략하는 것이 중요합니다. 특히 이 유형을 출제할 때, 고려 전기의 역사적 사실, 무신 정권 시기의 역사적 사실과 시기를 혼동하지 않도록 주의할 필요가 있습니다.

15. 정답 ②

문제 키워드 추출
- ☑ 구제도감, 의창

문제에서 고려 예종 때 질병 환자의 치료 및 병사자의 매장을 관리한 임시 관서인 구제도감과 고려 성종 때 기존의 흑창을 확대 및 개편한 빈민 구휼 제도인 의창을 언급하였으므로, 고려 시대의 국제 무역항을 언급한 ②번이 정답입니다!

선지분석
① 통일 신라 성덕왕 때 백성에게 최초로 **정전**이라는 토지가 지급되었다.
② **고려의 경제 상황**으로 대표적인 예는 예성강 하구의 벽란도가 **국제 무역항**으로 번성한 것이다.
③ 조선 후기에는 외국으로부터 **감자 및 고구마** 등의 **구황 작물**이 전래되며 식량이 늘어났다.
④ 신라 **지증왕** 때 기존의 시장을 개편하여 동시를 개설한 뒤, 이를 감독하는 관청인 **동시전**을 설치하였다.

⑤ 조선 세종 때 염포, 제포, 부산포의 삼포를 개항할 것을 약속한 계해약조를 체결하여 일본과 교역하였다.

➕ **해품사의 출제 저격**

고려의 경제 상황 유형은 주로 10번대에서 출제되며, 만약 해당 번호대에서 문제에서 경제 상황을 언급하였을 경우, 빈출 정답 관련 키워드 8개만 암기하면 쉽게 풀이가 가능합니다.(8가지 키워드: 건원중보, 해동통보, 활구, 예성강의 벽란도, 경시서, 관영 상점 운영, 전시과-전지 및 시지 지급)

16. 정답 ①

문제 키워드 추출

✓ 우왕이 요동을 공격하는 일을 최영과 은밀하게 의논, 대군이 압록강을 건너 위화도에 머무름, 이성계가 회군, 과전을 지급하는 법(과전법)

(가) 요동 정벌 추진(고려 제32대 우왕, 1388): 최영은 명의 철령위 설치에 반발하여 요동 정벌을 추진함

(나) 위화도 회군(고려 제32대 우왕, 1388): 왕명에 따라 요동 정벌을 위해 출정한 이성계는 4불가론을 내세우며 위화도에서 회군한 뒤 정권을 장악함

(다) 과전법 제정(고려 제34대 공양왕, 1391): 고려 공양왕 때 신진 사대부의 건의로 시행한 토지 제도

고려의 멸망 및 조선의 건국 과정의 흐름은 **요동 정벌 추진(가) → 위화도 회군(나) → 과전법 제정(다)** 순으로 발생하였습니다!

➕ **해품사의 출제 저격**

고려 멸망과 조선 건국 유형은 주로 사료 또는 대화형 지문을 활용하여 흐름형 유형으로 출제하는 편입니다. 그러므로 (가)~(다) 순서형 또는 연표형으로 나올 가능성이 높기 때문에, 기본적으로 우왕의 요동 정벌 추진 → 이성계의 위화도 회군 → 조준 등의 건의로 과전법 실시 → 정몽주 피살과 조선 건국의 흐름 암기가 필수적입니다.

17. 정답 ②

문제 키워드 추출

✓ 관학 진흥, 최충, 문헌공도, 사학 12도

문헌공도와 사학 12도는 고려 시대의 대표적인 사학으로 고려 정부가 관학 진흥책을 만들게 된 배경입니다. 따라서 고려 예종 때 국가 교육 기관인 국자감 내에 개설한 전문 강좌를 언급한 ②번 선지가 정답입니다!

선지분석

① 통일 신라는 당나라에 유학생을 파견하였으며, 특히 최치원 등 일부 인물은 당나라의 과거제인 빈공과에 합격하였다.

②고려 예종 때 관학 진흥을 위해 국자감 내에 장학 재단인 양현고와 전문 강좌인 7재를 마련하였다.

③ 조선 시대에 사림 세력은 지방에 사립 교육 기관인 서원을 세웠고, 이 중 임금이 현판과 서적, 노비 등을 하사한 서원을 사액 서원이라 한다.

④ 통일 신라 원성왕 때 유교 경전의 독해 능력에 따라 3등급으로 나눠 관리를 선발하는 관리 선발 제도인 독서삼품과를 시행하였다.

⑤ 이제현은 고려 충선왕이 원의 연경에 세운 만권당에서 원의 학자들과 교류하였다.

➕ **해품사의 출제 저격**

고려의 관학 진흥책 유형은 주로 문제에서 '관학 진흥'이라는 키워드를 대놓고 제시하거나, 최충의 문헌공도와 사학 12도의 발전이 언급될 가능성이 매우 높습니다. 이때 정답 키워드로 양현고 또는 7재를 제시한 사례가 매우 많으므로 비교적 쉽게 공략이 가능한 유형입니다.

18. 정답 ①

문제 키워드 추출
✓ 직지심체요절, 천산대렵도

『직지심체요절』은 고려 시대의 대표적인 금속활자본으로 현존하는 가장 오래된 금속활자본이라는 의의가 있으며, 『천산대렵도』는 고려 공민왕이 그린 것으로 추정되는, 수렵의 장면을 묘사한 그림입니다. 문제에서 고려 시대에 제작된 대표적인 기록 유산과 그림을 제시하였으므로, 조선 시대의 문화유산 사례인 ①번 선지가 정답입니다!

선지분석
① 서울 원각사지 십층 석탑(조선 전기)
② 나전 국화 넝쿨무늬 합(고려)
③ 논산 관촉사 석조 미륵보살 입상(고려)
④ 예산 수덕사 대웅전(고려)
⑤ 수월관음도(고려)

➕ 해품사의 출제 저격
고려의 문화유산 유형은 문제 및 정답 키워드로 고려 시대의 다양한 문화유산 사례를 제시합니다. 이때 언급할 수 있는 문화유산의 사례는 건축물, 도자기, 불상, 불화, 탑 등으로 다양하기 때문에 문화유산을 최대한 많이 알아두는 것을 권장합니다.

19. 정답 ⑤

문제 키워드 추출
✓ 길례 · 흉례 · 군례 · 빈례 · 가례

길례 · 흉례 · 군례 · 빈례 · 가례는 조선 성종 때 편찬된 『국조오례의』의 구성입니다. 문제에서 조선 성종 때 간행된 예법서의 구성을 언급하였으므로, 조선 성종 때 간행된 다른 기록 유산을 언급한 ⑤번 선지가 정답입니다!

선지분석
① 조선 태종 때 활자 주조 담당 관청인 주자소를 설치하여 조선 최초의 구리 활자인 계미자를 주조하였다.
② 조선 정조 때 박제가, 이덕무 등이 무예 훈련 교범인 『무예도보통지』를 편찬하였다.
③ 조선 광해군 때 허준이 동양의 의학을 집대성한 『동의보감』을 완성하였다.
④ 조선 세종 때 정초, 변효문 등이 우리나라 실정에 맞는 농법을 정리한 『농사직설』을 편찬하였다.
⑤ 조선 성종 때 각 지방의 산천, 인물, 풍속 등을 정리한 관찬 지리지인 『동국여지승람』이 편찬되었다.

➕ 해품사의 출제 저격
고려 성종의 경우 주로 화폐 주조 관련 키워드(건원중보)가 언급된다면, 조선 성종의 경우 다양한 분야를 정리한 기록 유산 키워드가 주로 언급됩니다. 특히 세종 때 우리나라 실정에 맞게 정리한 다양한 기록 유산 사례와 혼동하기 쉬우므로 주의할 필요가 있습니다.

20. 정답 ④

문제 키워드 추출
✓ 조선 시대에 언론 활동, 풍속 교정, 백관에 대한 규찰과 탄핵 등을 관장하던 기구, 대사헌

'조선 시대에 언론 활동, 풍속 교정, 백관에 대한 규찰과 탄핵 등을 관장하던 기구'는 사헌부이고, 대사헌은 사헌부의 수장입니다. 문제에서 사헌부와 관련된 사실을 언급하였으므로, 사헌부의 대표적인 기능을 제시한 ④번 선지가 정답입니다!

선지분석
① 조선의 승정원은 일종의 왕의 비서 기관으로서 왕명 출납을 담당하였다.
② 조선의 한성부는 한성의 행정 및 치안 등 수도에 대한 전반적인 업무를 관할하였다.
③ 조선의 사간원은 사헌부, 홍문관과 함께 조선 시대의 언론 기구인 삼사로 불렸다.

④ 조선의 사헌부는 관리들의 비행에 대한 탄핵과 더불어 인사 및 법률 개정에 대한 동의·거부권인 서경권을 행사하였다.
⑤ 조선의 의금부는 국왕 직속의 사법 기구로서, 반역죄 및 강상죄 등을 처벌하였다.

➕ 해품사의 출제 저격

조선 시대의 중앙 정치 기구 유형의 경우 각 기구와 관련된 대표 직책, 별칭, 역할 관련 키워드를 파악하는 것이 중요합니다. 특히 사헌부(대사헌)와 승정원(승지)은 대표 직책을 힌트로 제시할 가능성이 높으니 기억할 필요가 있습니다.

21. 정답 ②

문제 키워드 추출
✓ 김종직, 조의제문

문제에 제시된 사건은 무오사화(조선 제10대 연산군, 1498)입니다. 김종직은 성종 때 등용된 대표적인 사림파 출신 인물입니다. 「조의제문」은 김종직이 작성한 중국 초나라 황제인 의제를 애도하는 글로, 훈구파로부터 단종의 왕위를 찬탈한 수양 대군을 비판했다는 평가를 받아 무오사화의 원인이 된 사건입니다. 무오사화는 조선 연산군이 재위할 당시에 발생한 대표적인 정치적 사건이므로, 연산군이 폐위되는 사건인 중종반정 이전이자 조선 제8대 왕인 예종 때 사건인 남이의 옥사 이후인 (나), ②번이 적절합니다!

➕ 해품사의 출제 저격

조선 시대의 사화 유형은 주로 흐름형 유형으로 출제되며, 특히 무오사화의 경우 김종직의 「조의제문」이 문제 또는 정답 키워드로 꼭 언급되므로 제대로 암기할 필요가 있습니다.

22. 정답 ④

문제 키워드 추출
✓ 명에서 우리나라에 군사 징발을 요구, 강홍립을 도원수로 삼음

명나라와 후금 사이의 전쟁으로 인해 명나라는 조선에 군사를 요구했습니다. 이때 광해군은 명분상 명나라에 강홍립을 도원수로 하는 군대를 파견했는데, 이는 문제에서 광해군의 중립 외교와 관련된 상황입니다. 따라서 광해군 때의 다른 외교 사례를 언급한 ④번 선지가 정답입니다!

선지분석
① 조선 태종 때 6조의 의결 사항을 의정부를 거치지 않고 왕에게 직계하는 6조 직계제가 처음 시행되었다.
② 조선 숙종 때 청나라와의 국경을 확정하기 위해 압록강과 토문강을 경계로 백두산정계비를 세워 국경을 표시하였다.
③ 조선 영조 때 붕당의 조화와 화해를 도모하기 위해 탕평책을 실시하고 탕평비를 건립하였다.
④ 조선 광해군 때 일본과 기유약조를 체결하여 국교를 재개하였으며, 부산에 두모포 왜관을 설치하였다.
⑤ 조선 세종 때 학문 연구 기관인 집현전이 설치되며, 도서의 수집 및 보관, 학문 활동 등의 역할을 수행하였다.

➕ 해품사의 출제 저격

한능검에서 광해군을 출제할 경우 『동의보감』 또는 중립 외교를 언급할 가능성이 매우 높습니다. 특히 중립 외교와 관련된 키워드는 어려울 수 있기 때문에, 강홍립(도원수) 또는 명나라에 대한 군사 지원 관련 키워드 파악이 중요합니다.

23. 정답 ①

문제 키워드 추출
☑ 소현 세자, 청에 인질로 끌려감

병자호란이 종결된 이후 소현 세자, 봉림 대군 등 왕족을 비롯한 백성들이 청나라에 인질로 끌려갔습니다. 이는 병자호란의 결과이므로, 병자호란과 관련된 대표적인 역사적 사실을 언급한 ①번 선지가 정답입니다!

선지분석
① 임경업은 병자호란 발발 직후 평안북도에 위치한 백마산성에서 청군의 침입에 대비하였다.
② 조선 광해군 때 명과 후금 사이에서 중립 외교를 주도하였으며, 명과 후금 사이에 일어난 사르후 전투에 강홍립 부대를 파견하기도 하였다.
③ 임진왜란 때 김시민은 진주 지역에서 진주성 전투를 통해 왜군의 침입을 방어하였다.
④ 조선 세종 때 최윤덕을 파견하여 올라산성에서 여진족 이만주 부대를 정벌하였으며 이후 4군을 설치하였다. 김종서는 두만강 유역을 개척하고 4군 6진을 설치하였다.
⑤ 조선의 비변사는 중종 때 발생한 삼포 왜란을 계기로 임시 기구로 설치되었으며, 명종 때 발생한 을묘왜변을 계기로 상설 기구화되었다.

➕ **해품사의 출제 저격**

병자호란 유형은 특정 전투 사례나 의병장(또는 장수)에 대해 전반적으로 파악하는 사실형 유형 또는 병자호란 전후 역사적 사실을 파악하는 흐름형 유형으로 나눠 출제합니다. 특히 흐름형 유형을 출제할 경우 '인조반정 → 이괄의 난 → 정묘호란(정봉수의 용골산성 항쟁) → 병자호란'의 흐름을 추가적으로 암기하는 것을 권장합니다.

24. 정답 ②

문제 키워드 추출
☑ 평안도 지역에 대한 차별 등에 반발, 정주성

문제에서 홍경래의 난의 원인인 평안도 지역에 대한 차별과 홍경래의 난 당시 반란군이 점령한 지역인 정주성을 언급하였으므로, 홍경래의 난을 주도한 대표적인 인물들을 언급한 ②번 선지가 정답입니다!

선지분석
① 동학 농민 운동은 반봉건, 반외세를 표방하며 보국안민, 제폭구민, 척왜양창의를 기치로 내걸었다.
② 홍경래의 난은 서북 지역에 대한 차별에 반발하여 홍경래, 우군칙, 이희저 등이 주도한 민란이다.
③ 개항기에 발생한 임오군란, 갑신정변, 동학 농민 운동의 결과 청군이 국내에 파병되었다.
④ 조선 철종 때 임술 농민 봉기가 발생하자 안핵사로 파견된 박규수는 삼정의 문란을 해결하고자 삼정이정청의 설치를 건의하였다.
⑤ 임오군란의 결과 조선은 일본에 배상금 지불과 일본 공사관 내 군대 주둔을 규정한 제물포 조약을 체결하였다.

➕ **해품사의 출제 저격**

세도 정치기의 사회상 유형은 세도 정치기의 전반적인 특징을 파악하는 유형 또는 세도 정치기의 반란 사례를 파악하는 유형을 출제합니다. 특히 반란 사례의 경우 반란 원인(세도 정치기의 수탈에 반발 또는 백낙신의 학정), 주도 인물(홍경래, 유계춘 등), 영향(청천강 이북 지역 점령 또는 삼정이정청 설치) 등 관련 키워드 구별이 중요합니다. 75회차에서는 대표적인 세도 정치기의 반란 사례인 홍경래의 난 키워드에 주목할 것을 권장합니다.

25. 정답 ②

문제 키워드 추출
☑ 인삼, 담배, 목화

문제에 제시된 인삼, 담배, 목화는 조선 후기의 대표적인 상품 작물입니다. 따라서 조선 전기에 개항한 대표적인 왜관을 언급한 ②번 선지가 정답입니다!

선지분석
① 조선 후기에는 한글 소설이 유행하였으며, 소설을 읽어 주는 직업인 전기수가 활동하였다.
②조선 세종 때 염포, 제포, 부산포의 삼포를 개항하여 일본과 교역하였다. 그중 염포 왜관은 중종 때 발발한 삼포왜란으로 폐쇄된 후 다시 복구되지 않았다.
③ 조선 후기에 중인은 시사(詩社)를 조직하여 문예 활동을 전개하였다.
④ 조선 후기에는 광산 개발이 활성화되며 설점수세제를 시행하여 민간의 광산 개발을 허용하였으며, 이 시기 덕대는 물자의 자금을 받아 광산을 운영·관리 하였다.
⑤ 조선 후기에는 보부상, 송상, 만상 등 다양한 사상(私商)이 무역 활동을 전개하였으며 그중 경강상인은 한강을 중심으로 운송업을 전개하였다.

➕ **해품사의 출제 저격**
조선 후기의 사회상 유형은 주로 조선 후기의 경제 상황 또는 문화 사례를 파악하는 문제를 출제합니다. 특히 조선 전기의 사례(예 과전법 실시, 염포 및 제포 왜관에서 교류 등)를 빈출 오답으로 제시하므로 주의할 필요가 있습니다.

26. 정답 ④

문제 키워드 추출
☑ 균역청

문제에서 영조 때 균역법을 시행할 목적으로 설치한 기구인 균역청을 언급하였으므로, 영조 때 간행된 백과사전을 언급한 ④번 선지가 정답입니다!

선지분석
① 조선 성종 때 육전 체제로 구성된 조선의 첫 공식 법전인 『경국대전』이 완성되었다.
② 조선 세조 때 현직 관리에게만 토지를 지급하는 직전법을 실시하며 수신전과 휼양전을 폐지하였다.
③ 조선 순조 때 각 궁방과 중앙 관서의 공노비 약 6만여 명을 해방하는 정책을 시행하였다.
④조선 영조 때 조선의 역대 문물 제도를 분류, 정리한 백과사전인 『동국문헌비고』를 편찬하였다.
⑤ 조선 인조 때 풍흉에 관계없이 전세를 1결당 4~6두로 고정시키는 영정법을 시행하였다.

➕ **해품사의 출제 저격**
한능검에서 영조를 출제할 경우 주로 균역법, 탕평책이 언급됩니다. 여기서 탕평책의 경우 아주 가끔 정조 키워드로도 언급될 수 있기 때문에 영조와 관련된 다양한 키워드를 종합적으로 파악하는 것이 중요합니다.

27. 정답 ②

문제 키워드 추출
☑ 마과회통, 강진 유배지, 목민심서

문제에서 정약용의 대표 저서로서, 홍역과 지방관의 자세에 대한 내용을 다룬 『마과회통』과 『목민심서』를 힌트로 제시하였습니다. 또한 정약용이 신유박해로 유배되었던 지역인 강진 유배지가 언급되었으므로 정약용이 고안한 거중기를 언급한 ②번 선지가 정답입니다!

선지분석

① 홍대용은 『의산문답』을 통해 **지전설을 주장**하는 동시에 **중국 중심의 천하관을 비판**하였다.
②⃝ **정약용**은 조선 정조 때 **거중기를 고안**하여 **수원 화성을 축조**하였다.
③ 유수원은 사회 개혁안을 담은 『**우서**』를 저술하고, **사농공상(선비·농부·장인·상인)의 직업적 평등**을 주장하였다.
④ 박지원은 「양반전」, 「허생전」, 「호질」 등을 저술하여 **양반의 허례와 무능을 비판, 풍자**하였다.
⑤ 박제가는 『북학의』에서 **수레와 배의 이용을 권장**하고 저축보다 **소비의 촉진을 강조**하였다.

➕ 해품사의 출제 저격

조선 시대의 실학파 유형은 각 실학파 인물들의 대표 저서, 주장, 활동 사례 관련 키워드를 구별하는 것이 중요합니다. 특히 **정약용**의 경우 다른 실학파에 비해 대표 저서가 압도적으로 많기 때문에 더욱 꼼꼼히 암기하는 것을 권장합니다.

28. 정답 ③

문제 키워드 추출
☑ 세한도

문제에서 김정희가 유배 생활 중에 그린 그림인 세한도를 언급하였기 때문에, 김정희가 창안한 독창적인 필체를 언급한 ③번 선지가 정답입니다!

선지분석

① 조선의 송시열은 효종 사망 이후 자의대비의 복상 문제를 논의한 **기해 예송** 때 **기년복(1년 상복)을 주장**하였다.
② 조선의 정제두는 명나라의 왕수인이 제창한 **양명학을 연구**한 대표적인 학자로, **강화도**에서 **양명학자들을 중심으로 강화학파를 형성**하였다.
③⃝ 조선의 **김정희**는 **중국 역대 명필가들의 필체를 연구**하여 자신만의 독특한 필체인 **추사체**를 창안하였다.
④ 조선의 이이는 왕도 정치의 이상을 문답 형식으로 서술한 글인 『**동호문답**』을 저술하였다.
⑤ 조선의 이황은 향촌을 교화하기 위한 자치 규약으로 **예안 향약**을 시행하였다.

➕ 해품사의 출제 저격

조선 시대의 인물 유형은 각 인물의 활동 시기, 대표 저서, 업적 등 관련 키워드를 암기하는 것이 중요합니다. 특히 **김정희**의 경우 고대의 신라 진흥왕의 업적(진흥왕 순수비) 또는 조선 후기의 그림 사례 유형에서도 연계할 수 있기 때문에 관련 키워드를 다양하게 암기할 필요가 있습니다.

29. 정답 ⑤

문제 키워드 추출
☑ **평양 군민들이 대동강에서 이양선을 격침**

문제에서 신미양요의 직접적인 원인이 된 제너럴셔먼호 사건을 언급하였으므로, 신미양요가 발생하게 된 과정을 언급한 ⑤번 선지가 정답입니다!

선지분석

① 조선 순조 때 발생한 **신유박해** 직후 천주교 신자인 황사영은 베이징에 주재하는 프랑스 선교사들에게 본국에 연락하여 **조선에 군대를 파병할 것을 요청하는 백서를 작성**하였다가 발각되었다.
② 일본의 군함 운요호는 강화도와 영종도를 침략하여 인적·물적 피해를 줬으며, 이 사건은 **조선과 일본이 강화도 조약을 체결**하는 계기가 되었다.
③ **병인양요** 때 **양헌수**는 **정족 산성**, **한성근**은 **문수 산성**에서 **프랑스군의 침입을 방어**하였다.
④ 강화도 조약 체결 이후 조선 정부는 두 나라의 관계 회복과 **일본의 문물을 탐색**하기 위해 **김기수**를 제1차 수신사로 파견하였다.
⑤⃝ 제너럴셔먼호 사건의 결과 로저스 제독이 이끄는 미군이 강화도를 침략하는 **신미양요**가 발생하였다.

➕ 해품사의 출제 저격

병인양요와 **신미양요**는 각각 병인박해, 제너럴셔먼호 사건을 계기로 발생하였기 때문에 짝꿍 키워드를 반드시 연계하여 암기할 필요가 있습니다. 특히 각 사건 당시 외국에 항전한 인물 키워드가 자주 출제되기 때문에 관련 키워드를 꼭 기억해야 합니다.

30. 정답 ①

문제 키워드 추출

☑ 구식 군인들이 일으킨 이 사건

문제의 '구식 군인들이 일으킨 이 사건'은 구식 군인에 대한 차별 대우에 대한 반발로 발생한 임오군란입니다. 따라서 임오군란 당시 구식 군인들의 행보를 언급한 ①번 선지가 정답입니다!

선지분석

① **임오군란**이 전개된 당시 **구식 군인들**은 임금 체불 문제에 불만을 품고 **선혜청을 습격**하였다. 또한 일본 교관으로부터 근대식 훈련을 받는 신식 군대인 **별기군**이 창설되며 구식 군인에 대한 차별이 발생한 결과, **일본에 대한 반감**을 가지게 된 군인들은 **일본 공사관도 습격**하였다.(1882)

② 제2차 갑오개혁 때 고종이 종묘에서 홍범 14조를 반포하며 개혁의 방향성을 제시하였다.(1895)

③ 1880년에 개화 정책 총괄 기구로 통리기무아문을 설치하고 다양한 업무를 분담하기 위해 12사를 두었다.

④ 김옥균, 박영효 등 개화당 출신의 인사들은 우정총국 개국 축하연을 빌미로 갑신정변을 주도하기 시작하였다.(1884)

⑤ 영선사는 1881년~1882년에 청에서 근대식 무기 제조 기술을 학습하고 돌아왔으며, 이후 기기창의 설립에 영향을 주었다.

➕ 해품사의 출제 저격

임오군란과 갑신정변은 공통적으로 청나라 군대의 개입으로 인해 실패하였으며, 두 사건 이후 일본 또는 청나라와 조약을 체결하였다는 사실을 자주 연계합니다. 그러므로 두 사건 이후 체결된 조약의 영향 관련 키워드를 정확히 구별할 필요가 있습니다.

31. 정답 ③

문제 키워드 추출

☑ 수신사 김기수, 어윤중

(가) 제1차 수신사 파견(개항기, 1876): 김기수(제1차 수신사의 대표적 인물)

(나) 조사 시찰단 파견(개항기, 1881): 어윤중(조사 시찰단의 대표적 인물)

문제에서 제1차 수신사와 조사 시찰단의 대표 인물을 언급하였으므로, 두 시기 사이에 파견된 제2차 수신사인 김홍집의 활동을 언급한 ③번 선지가 정답입니다!

선지분석

① 강화도 조약 체결 이후 조선 정부는 두 나라의 관계 회복과 일본의 문물을 탐색하기 위해 김기수를 제1차 수신사로 파견하였다.[(가) 이전]

② 영국은 1885년부터 러시아의 남하 정책을 견제하기 위해 거문도를 약 2년 동안 불법으로 점령하였다.[(나) 이후]

③ 제2차 **수신사**인 김홍집은 1880년에 황준헌의 『조선책략』을 국내에 들여와 소개하였다.

④ 임오군란의 결과 1882년에 조선은 청나라와 조청 상민 수륙 무역 장정을 체결하였다.[(나) 이후]

⑤ 1882년에 청나라가 임오군란을 진압한 이후 조선에 재정 고문인 마젠창과 외교 고문인 묄렌도르프를 파견하였다.[(나) 이후]

➕ 해품사의 출제 저격

개항기의 사절단 유형은 기본적으로 각 사절단의 파견 국가, 대표 인물, 활동 사례를 구별하는 것이 중요합니다. 특히 **수신사**와 조사 시찰단은 공통적으로 일본에 파견되었기 때문에, 대표 인물을 더욱 주의하여 구별할 필요가 있습니다.

32. 정답 ③

문제 키워드 추출

✓ 화약을 체결했으니 전주성에서 물러남, 폐정개혁, 군국기무처에서 과거제를 폐지

(가) 이전 사건
  전주 화약 체결(개항기, 1894. 5.): 동학 농민군과 정부는 전주 화약을 체결하였으며, 그 결과 제1차 동학 농민 운동이 종결됨

(가) 이후 사건
  과거제 폐지(개항기, 1894. 7.): 제1차 갑오개혁 때 기존의 과거제를 폐지하며, 선거조례라는 새로운 관리 임용 제도가 시행됨

문제에서 전주 화약 체결과 제1차 갑오개혁의 대표 사례를 제시하였으므로, 제1차 동학 농민 운동 종결 직후 동학 농민군의 활동 사례를 언급한 ③번 선지가 정답입니다!

선지분석

① 제2차 동학 농민 운동에서 이후 일본군 경복궁을 불법으로 점령하자, 동학 농민군의 남접과 북접이 논산에서 집결하였다.(이후)
② 제1차 동학 농민 운동 때 동학 농민군은 전라북도 정읍에 위치한 황토현에서 관군에게 승리하였다.(이전)
③ 제1차 동학 농민 운동 종결 이후 동학 농민군은 정부와 전주 화약을 체결하고, 자신들의 요구 사항을 실현하기 위해 집강소를 설치하였다.
④ 동학 농민 운동의 지도자인 전봉준은 탐관오리인 조병갑의 수탈 및 횡포에 저항하여 고부 농민 봉기를 주도하였다.(이전)
⑤ 동학 농민 운동 이전 동학 교도들은 삼례 집회와 보은 집회를 개최했다.(이전)

➕ 해품사의 출제 저격

한능검 심화에서 동학 농민 운동을 출제할 경우, 대체로 사실형 유형보다는 흐름형 유형이 많이 출제되는 편입니다. 그러므로 동학 농민 운동과 관련된 전반적인 사건 흐름 파악은 필수입니다.

33. 정답 ①

문제 키워드 추출

✓ 김홍집과 박영효를 중심으로 구성된 내각, 재판소를 설치함

문제에서 제2차 갑오개혁을 주도한 김홍집·박영효 연립 내각과 제2차 갑오개혁의 대표적인 사례인 재판소 설치를 언급하였으므로, 제2차 갑오개혁과 관련된 다른 대표적인 개혁 사례인 ①번 선지가 정답입니다!

선지분석

① 제2차 갑오개혁 때 근대적 교육의 기본 방향을 제시한 교육 입국 조서를 반포하고 한성 사범학교가 설립되었다.
② 대한 제국은 황제 직속의 군 통수 기구인 원수부를 설치하였다.
③ 을미개혁 때 태양력을 채택하고 건양이라는 독자적인 연호를 제정하였다.
④ 1880년에 통리기무아문이 설치된 이후 1881년에는 기존의 5군영을 2영으로 개편하고 신식 군대인 별기군을 창설하였다.
⑤ 제1차 갑오개혁 때 공사 노비법을 혁파하며 사실상 신분제가 폐지되었으며, 동학 농민군의 요구 사항을 일부 수용하여 과부의 재가를 허용하였다.

➕ 해품사의 출제 저격

제1차 갑오개혁과 제2차 갑오개혁은 공통적으로 군국기무처와 김홍집이 대표 키워드로 언급됩니다. 단, 군국기무처 설치(제1차 갑오개혁)와 군국기무처 폐지(제2차 갑오개혁) 또는 김홍집 내각(제1차 갑오개혁)과 김홍집 및 박영효 연립 내각(제2차 갑오개혁) 등 키워드의 세부적인 내용이 다르기 때문에 주의하여 접근할 필요가 있습니다.

34. 정답 ②

문제 키워드 추출
☑ 서재필 (가)의 의회 설립 운동이 공화제를 수립하려는 것이라는 의심을 받음

문제에서 독립 협회를 창립한 대표적인 인물인 서재필과 입헌 군주제를 지향하였으나 공화정을 지향한다는 모함을 받은 독립 협회 해체 원인을 제시하였으므로, 독립 협회의 이권 수호 활동 사례를 언급한 ②번 선지가 정답입니다!

선지분석
① 천도교는 기관지로 만세보를 발행하였다.
② 독립 협회는 이권 수호를 위해 러시아의 절영도 조차 요구를 저지하고 자주 표방 및 청나라에 대한 사대 청산을 목적으로 기존의 영은문을 헐고 독립문을 건립하였다.
③ 대한민국 임시 정부는 대미 외교를 수행하기 위해 워싱턴에 구미 위원부를 설치하였다.
④ 여권통문은 평등한 교육권, 정치 참여권, 경제 활동 참여권 등을 명시한 우리나라 최초의 여성 인권 선언으로, 황성신문이 처음으로 신문에 게재하였다.
⑤ 신민회의 간부인 안창호는 대성 학교, 이승훈은 오산 학교를 설립하여 민족 교육을 실시하였다.

➕ 해품사의 출제 저격
독립 협회는 대한 제국 때 활동한 대표적인 사회 정치 단체로서, 국가의 자주를 위한 여러 활동과 더불어 입헌 군주제를 지향하였다는 사실에 주목할 필요가 있습니다. 이로 인해 공화정을 지향한 신민회와 혼동하기 쉬우므로 구분하여 암기해야 합니다.

35. 정답 ①

문제 키워드 추출
☑ 헤이그, 이상설 외 2인이 평화 회의에 특사로 파견

헤이그 특사였던 이준, 이위종, 이상설은 만국 평화 회의에서 을사늑약의 부당성을 주장하려고 시도했습니다. 문제에서 헤이그 특사 파견(1907. 6.)의 상황을 제시하고 있으므로 헤이그 특사 파견 이후 일제가 고종을 견제하기 위해 강제 퇴위를 주도한 상황을 언급한 ①번 선지가 정답입니다!

선지분석
① 구한 말 일제의 침략 과정 중의 사건인 헤이그 특사 파견 이후 일제는 고종에 대한 견제와 더불어 대한 제국에 대한 지배권의 강화를 위해 고종을 강제로 퇴위시키고, 대한 제국의 군대를 강제로 해산시켰다.(이후)
② 러일 전쟁 때 제1차 한일 협약의 체결 결과 국내에 외교 고문에 미국인 스티븐스, 재정 고문에 일본인 메가타가 파견되었다.(이전)
③ 최익현은 을사늑약 체결에 반발하여 전북 태인에서 을사의병을 주도하였다.(이전)
④ 고종은 을미사변을 계기로 신변에 위협을 느껴 1896년에 러시아 공사관으로 피신하는 아관 파천을 단행하였다.(이전)
⑤ 갑신정변의 결과 1885년에 일본과 청나라 사이에 양국이 조선에 군대를 파병할 경우 사전에 서로 보고할 것을 규정한 톈진 조약을 체결하였다.(이전)

➕ 해품사의 출제 저격
구한말 일제의 침략 유형에서 가장 중요한 키워드는 을사늑약 체결 전후의 역사적 사실입니다. 그러므로 을사늑약 체결 → 헤이그 특사 파견 → 고종 강제 퇴위 및 대한 제국 군대 강제 해산 → 정미의병 발생 및 서울 진공 작전 전개의 흐름을 필수적으로 기억할 필요가 있습니다.

36. 정답 ⑤

문제 키워드 추출
☑ 신흥 무관 학교, 안창호

문제에서 신민회의 대표 간부인 안창호와 서간도에 설립한 신흥 무관 학교를 언급하였으므로, 신민회의 다른 활동 사례를 언급한 ⑤번 선지가 정답입니다!

선지분석
① 영국인 루이스 쇼는 중국 단둥에서 **무역 회사인 이륭양행을 운영하며 대한민국 임시 정부의 교통국을 지원**하였다.
② 보안회는 일제의 황무지 개간권 요구를 저지시켰다.
③ 대한 자강회는 고종의 강제 퇴위를 반대하는 운동을 전개하였다.
④ 배재 학당은 1885년에 미국인 선교사 아펜젤러가 서울 중구 정동에 세운 **한국 최초의 근대식 중등 교육 기관**이다.
⑤ **신민회**는 민중 계몽을 위한 서적 및 출판물을 보급할 목적으로 **태극 서관을 운영**하였다.

➕ **해품사의 출제 저격**
한능검에서 애국 계몽 운동 단체 유형으로 신민회를 출제할 경우 대표 인물, 활동 사례 등을 중심으로 공략할 필요가 있습니다. 특히 자주 출제되는 신민회 인물들이 세운 학교 키워드 암기를 권장합니다.

37. 정답 ④

문제 키워드 추출
☑ 헌병은 치안 유지에 관한 경찰 및 군사 경찰을 담당함

문제에서 무단 통치기에 헌병이 경찰 업무를 담당하는 헌병 경찰제를 힌트로 제시하였으므로, 무단 통치기에 시행한 일제의 차별적 형벌 사례를 언급한 ④번 선지가 정답입니다!

선지분석
① 민족 말살 통치기에는 일왕에 충성을 강요하는 **황국 신민 서사를 암송**하게 하고, **일본의 신사에 강제로 참배**를 유도하였다.
② 이른바 문화 통치기에 일제가 **민립 대학 설립 운동을 탄압**하기 위한 목적으로 **경성 제국 대학을 설립**하였다.
③ 이른바 문화 통치기에는 **전남 신안에서 지주 문재철의 횡포에 맞서 암태도 소작 쟁의**가 발생하였다.
④ **무단 통치기**에는 헌병이 경찰을 담당하였고, 일제가 **조선인에게만 적용되는 조선 태형령**을 시행하였다.
⑤ 이른바 문화 통치기에 **문평 라이징 선 석유 회사의 조선인 노동자가 일본인 감독에게 구타당한 것을 계기로 원산 총파업**이 발생하였다.

➕ **해품사의 출제 저격**
한능검에서 **무단 통치기**의 일제 강점기 정책 및 사회상 유형을 출제할 경우 주로 공포적인 분위기를 조성하는 사례와 관련된 키워드가 주로 언급됩니다. 특히 경제 침탈 사례가 언급될 경우 토지 조사 사업과 회사령이 언급될 가능성이 매우 높습니다.

38. 정답 ②

문제 키워드 추출
☑ 순종의 인산일에 일어남

문제에서 6·10 만세 운동의 발생 계기였던 순종의 인산일을 힌트로 제시하였으므로, 6·10 만세 운동의 대표적인 영향과 관련된 사실을 언급한 ②번 선지가 정답입니다!

선지분석
① 국채 보상 운동은 통감부의 탄압으로 실패하였다.
② **신간회**는 **6·10 만세 운동**을 계기로 제기된 **정우회 선언을 통해 비타협적 민족주의 계열과 사회주의 계열이 연합**하여 결성된 단체이다
③ 3·1 운동은 일제가 조선인에 대한 통치 방식을 무단 통치에서 이른바 문화 통치로 변화하는 계기를 제공하였다.

④ 광주 학생 항일 운동은 나주역에서 발생한 한일 학생 간의 충돌에서 비롯되었다.
⑤ 광주 학생 항일 운동은 항일 학생 운동 단체인 독서회와 성진회 등에 의해 전국적으로 확산되었다.

➕ **해품사의 출제 저격**

일제 강점기의 항일 운동 유형은 각 운동의 배경, 전개, 영향을 중심으로 구별할 필요가 있습니다. 특히 6·10 만세 운동의 결과 정우회 선언 및 민족 유일당 운동을 계기로 신간회가 창립되었기 때문에, 광주 학생 항일 운동을 지원한 신간회의 활동 시기를 혼동하지 않도록 주의할 필요가 있습니다.

39. 정답 ②

문제 키워드 추출
✅ 명동 학교, 봉오동 전투

문제에서 북간도 지역에 김약연이 설립한 민족 학교인 명동 학교와 북간도 봉오동에서 대한 독립군이 일본군에게 승리한 전투 사례인 봉오동 전투를 언급하였기 때문에, 북간도 지역에서 활동한 대표적인 군사 조직이 언급된 ②번 선지가 정답입니다!

선지분석
① 서간도 지역에서 이상룡 등이 독립운동 단체이자 한인 자치 기구인 경학사를 설립하였다
② **북간도 지역의 독립운동** 사례로는 기존의 대종교의 군사 조직을 개편하여 **북로 군정서군**이 조직된 것을 들 수 있다.
③ 도쿄 지역의 청년 유학생들은 2·8 독립 선언서를 발표하여 독립운동을 주도하였고, 이는 3·1 운동에 영향을 주었다.
④ 미주의 하와이에서는 박용만의 주도로 대조선 국민 군단을 창설하여 독립운동을 위한 군사를 양성하였다.
⑤ 연해주 지역에서 일종의 망명 정부인 대한 광복군 정부를 세워 이상설을 정통령, 이동휘를 부통령으로 선출하였다.

➕ **해품사의 출제 저격**

일제 강점기의 국외 독립운동 유형은 크게 나누어 기구, 관련 역사적 사실, 독립운동 사례를 중심으로 공략할 필요가 있습니다. 특히 북간도 지역의 독립운동 사례와 관련된 키워드는 주로 민족 학교 또는 특정 전투와 관련된 사례가 많습니다.

40. 정답 ④

문제 키워드 추출
✅ 충칭, 대일 선전 성명서를 발표함

제2차 세계 대전 당시 일본에 대일 선전 성명서를 발표한 것은 충칭 시기 대한민국 임시 정부의 대표적인 활동 사례이므로, 충칭 시기의 대한민국 임시 정부에서 발표한 건국 강령을 언급한 ④번 선지가 정답입니다!

선지분석
① 북간도 지역에서 중광단 계열의 인물들이 북로 군정서를 조직하여 청산리 전투에서 일본군에게 승리하였다.
② 의열단은 신채호가 집필한 직접적이고 폭력적인 혁명의 방향성을 제시한 조선 혁명 선언을 활동 지침으로 삼았다.
③ 신민회의 이회영, 이동녕, 이상룡은 서간도에 신흥 강습소를 설립하여 독립군을 양성하였다.
④ **충칭 시기**의 **대한민국 임시 정부**에서 활동한 조소앙은 1941년에 정치·경제·교육 세 가지의 균형(삼균주의)을 바탕으로 해방 이후의 건국 계획을 발표하였다.
⑤ 신간회는 광주 학생 항일 운동 발생 이후 진상 조사단을 파견하여 지원하였다.

➕ **해품사의 출제 저격**

대한민국 임시 정부 유형은 크게 사실형 유형과 흐름형 유형으로 나눠 출제할 수 있으며, 특히 흐름형 유형으로 출제할 경우 국민 대표 회의(1923), 대일 선전 성명서 발표(1941) 등 자주 출제되는 빈출 사건이 있으므로 연도를 암기하는 것도 권장합니다.

41. 정답 ③

문제 키워드 추출
☑ 일제의 무기 공장에 강제 동원, 중일 전쟁

문제에서 일제가 조선인들을 무기 공장 등의 노동 현장에 강제 동원한 것과 중일 전쟁과 같은 민족 말살 통치기에 발생한 노역과 전쟁 사례를 언급하였기 때문에, 민족 말살 통치기에 제정된 대표적인 법이 언급된 ③번 선지가 정답입니다!

선지분석
① 무단 통치기에는 회사를 설립할 때 조선 총독의 허가를 받도록 하는 회사령이 제정되었다.
② 동양 척식 주식회사는 일제가 국내의 자본 및 토지를 침탈할 목적으로 1908년에 세운 회사이다.
③ **민족 말살 통치기**에 일제는 독립운동을 보다 강하게 탄압하고자 **조선 사상범 예방 구금령**을 제정하였다.
④ 일제는 **식민 지배에 반대**하고 **사유 재산 제도를 부인**하는 사회주의자들을 탄압할 목적으로 1925년에 치안 유지법을 제정하였다.
⑤ 무단 통치기에는 일제가 근대적 토지 소유 관계를 확립할 명분으로 시행한 **경제 침탈 사업**인 토지 조사 사업을 실시하였다.

➕ 해품사의 출제 저격
한능검에서 **민족 말살 통치기**의 일제 강점기 정책 및 사회상 유형을 출제할 경우 주로 전쟁, 세뇌, 노역과 관련된 키워드가 언급됩니다. 특히 중일 전쟁 및 태평양 전쟁 등 키워드를 언급할 가능성이 높습니다.

42. 정답 ②

문제 키워드 추출
☑ 인도, 영국군

문제에서 한국광복군이 제2차 세계 대전 당시 연합군과 함께 인도·미얀마 등 전선에서 활동한 사례를 언급하였으므로, 한국광복군이 다른 연합국과 연합 작전을 계획한 사실을 언급한 ②번 선지가 정답입니다!

선지분석
① 서일의 대한 독립 군단은 연해주에서 러시아군과 충돌하는 자유시 참변을 겪었다.
② **한국광복군**은 미국 전략 정보국(OSS)과 연합하여 국내 정진군을 육성한 뒤 국내 진공 작전을 추진하였다.
③ 한국 독립군은 북만주 지역의 한국 독립당 산하 조직으로 중국 호로군과 연합하여 쌍성보, 대전자령 전투에서 승리를 거두었다.
④ 조선 의용대는 중국 국민당의 지원을 받아 중국 관내(關內)에서 결성된 최초의 군사 조직이다.
⑤ 조선 혁명군은 남만주 지역의 조선 혁명당 산하 조직으로, 중국 의용군과 연합하여 영릉가 전투, 흥경성 전투에서 승리를 거두었다.

➕ 해품사의 출제 저격
한국광복군과 한국 독립군은 단체의 이름도 상당히 유사하며, 특히 공통적으로 지청천이 총사령관을 역임하였기 때문에 혼동하기 쉬운 편입니다. 한국광복군은 충칭 시기의 대한민국 임시 정부의 산하 부대라는 키워드가 자주 언급되기 때문에 암기하여 한국 독립군과 구분하는 것을 권장합니다.

43. 정답 ⑤

문제 키워드 추출
✓ 조선말 큰사전

문제에서 조선어 학회가 편찬을 시도한 한글과 관련된 백과사전인 조선말 큰사전을 언급하였으므로, 조선어 학회의 다른 활동 사례를 언급한 ⑤번 선지가 정답입니다!

선지분석
① **제국신문**은 **이종일**이 창간한 민간 신문으로, **부녀자층을 주로 대상**으로 하였으며, 항일 논설을 다수 게재하였다.
② **조선어 유희**는 한글을 체계적으로 연구하여 『언문지』에서 **초성·중성·종성을 세부적으로 정리**하였다.
③ 신한 청년당의 김규식은 파리 강화 회의에 대표로 파견되어 독립 청원서를 제출하였다.
④ 주시경은 개항기에 학부 아래 설립된 국문 연구소의 위원으로 활동하며 한글을 체계적으로 연구하였다.
⑤ **조선어 학회**는 일제 강점기의 대표적인 한글 수호 단체로서, 국어 문법을 정리한 **한글 맞춤법 통일안과 표준어 사정안**을 제정하였다.

➕ 해품사의 출제 저격

조선어 학회는 한글 수호 활동을 주도한 단체이기 때문에, 오답 선지로 한글과 관련된 다양한 역사적 사실을 제시할 수 있습니다. 특히 개항기에 설립된 국문 연구소를 빈출 오답으로 제시하기 때문에, 절대 혼동하지 않도록 주의할 필요가 있습니다.

44. 정답 ①

문제 키워드 추출
✓ 신탁 통치

문제에서 제시된 사건은 신탁 통치 의결(현대, 1945. 12.)입니다. 신탁 통치는 모스크바 3국 외상 회의에서 의결된 사항으로, 국제 연합의 위임을 받은 나라가 일정한 기간 동안 일정한 지역에 대해 통치하는 제도입니다. 이처럼 문제에서 신탁 통치 결의에 대한 내용을 다뤘기 때문에, 신탁 통치가 의결된 배경이 된 모스크바 3국 외상 회의를 언급한 ①번 선지는 문제에 제시된 상황의 이후에 해당하지 않습니다.

선지분석
① 광복 직후 1945년에 미국, 영국, 소련 3국의 외무장관은 모스크바에 모여 한국 문제를 비롯하여 제2차 세계대전 이후의 여러 지역 문제를 협의하기 위한 회의를 개최하였으며, 이 회의의 결과 **신탁 통치가 의결**되었다.(이전)
② 제헌 국회는 1948년에 친일파 처벌을 목적으로 반민족 행위 처벌법을 제정하였다.(이후)
③ 여운형, 김규식은 1946년에 좌우 합작 위원회를 결성하고 미·소 공동 위원회의 재개 등을 요구하는 좌우 합작 7원칙을 발표하였다.(이후)
④ 제1차 미·소 공동 위원회가 결렬되자 이승만은 정읍 발언을 통해 남한만의 단독 정부 수립을 주장하였으며, 이는 좌우 합작 위원회 추진의 배경이 되었다.(이후)
⑤ 제2차 미소 공동 위원회가 결렬된 이후 한국의 임시 정부 수립 문제를 해결하기 위해 유엔 총회는 남북 총선거를 의결하고, 공정한 선거를 돕는 목적으로 1947년에 유엔 한국 임시 위원단을 파견하였다.(이후)

➕ 해품사의 출제 저격

광복~대한민국 정부 수립 유형은 비교적 짧은 시간 내에 다양한 역사적 사실을 흐름형 유형으로 출제하며, 대체로 사료를 바탕으로 출제하기 때문에 비교적 난도가 높은 편입니다. 특히 미소 공동 위원회 개최 또는 좌우 합작 위원회의 활동 관련 사례가 가장 출제율이 높기 때문에 관련 키워드를 반드시 암기하는 것을 권장합니다.

45. 정답 ④

문제 키워드 추출
☑ 유엔군과 국군은 서울에서 퇴각하고 한강 이북의 부대를 철수시키기로 결정함

문제에서 6·25 전쟁 때 중공군의 개입으로 인해 발생한 1·4 후퇴(현대, 1951. 1.)를 언급하였으므로, 6·25 전쟁 종결 직후 미군과 체결한 조약인 ㄴ 선지와 6·25 전쟁 종결 작전에 발생한 반공 포로 사건이 언급된 ㄹ 선지를 고를 필요가 있습니다.

선지분석
ㄱ. 미국의 국무장관 애치슨은 1950년 1월 태평양 지역 방어선을 발표하였는데, 이때 한반도와 타이완이 제외되었다.(이전)
ㄴ. 이승만 정부 때 6·25 전쟁 이후 안보를 강화하기 위해 미군이 한국에 지속적으로 주둔하도록 규정하는 한미 상호 방위 조약을 체결하였다.(이후)
ㄷ. 6·25 전쟁 때 유엔도 사령관 맥아더의 지휘 아래 인천 상륙 작전이 전개된 결과 서울을 수복하였다.(이전)
ㄹ. 6·25 전쟁 때 이승만 대통령은 휴전 협상에 반대하며 1953년 4월 단독으로 반공 포로들을 석방시켰다.(이후)

➕ 해품사의 출제 저격
6·25 전쟁을 사실형 유형으로 출제할 경우, 애치슨 선언 발표와 한미 상호 방위 조약 체결을 빈출 오답으로 제시한 사례가 많기 때문에 주의하여 접근할 필요가 있습니다.

46. 정답 ①

문제 키워드 추출
☑ 포항 종합 제철소 착공식, 제1차 석유 파동, 100억 불 수출 달성

문제에서 박정희 정부 때 제3차 경제 개발 5개년 계획의 일환으로 준공된 회사인 포항 종합 제철과 박정희 정부 때의 사건인 제1차 석유 파동, 그리고 100억 불 수출 달성과 같은 박정희 정부의 경제적 성과를 언급하였으므로, 박정희 정부의 다른 대표적인 업적을 언급한 ①번 선지가 정답입니다!

선지분석
① 박정희 정부 때 서울과 부산을 연결하는 경부 고속 도로를 개통하여 교통 환경을 개선하였다.
② 김영삼 정부 때 우리나라가 경제 협력 개발 기구(OECD)의 29번째 회원국이 되었다.
③ 전두환 정부는 1986년부터 저유가·저금리·저달러의 3저 호황을 통해 경제적 호황을 누렸다.
④ 미군정 시기에는 일제가 남긴 귀속 재산 처리를 위해 신한 공사를 설립하였다.
⑤ 김대중 정부 때 빈곤층을 대상으로 교육, 생계, 의료 등 기초 생활을 영위할 수 있도록 보장하는 복지 제도인 국민 기초 생활 보장법을 제정하였다.

➕ 해품사의 출제 저격
박정희 정부 유형은 크게 정치, 경제, 민주화 운동, 외교로 나눠 공략할 필요가 있습니다. 특히 박정희 정부는 경제 업적과 관련된 키워드가 상당히 많기 때문에, 이를 중심으로 공략하는 것을 권장합니다.

47. 정답 ②

문제 키워드 추출
☑ 금융 실명 거래, 금융 실명제

문제에서 금융 거래 시 반드시 실명으로 하도록 한 금융 실명 거래를 언급하며 김영삼 정부 때 추진된 경제 정책 사례를 제시하였으므로, 김영삼 정부 때 발생한 대표적인 사건을 언급한 ②번 선지가 정답입니다!

선지분석
① 노태우 정부 때 국제 대회인 서울 올림픽이 1988년에 개최되었다.
② 김영삼 정부 때 삼풍 백화점 붕괴 사고가 일어나 약 천 명 이상의 시민들이 피해를 입었다.
③ 전두환 정부 때 프로 야구단·프로 축구단이 출범하였다.
④ 이승만 정부 때 야당 후보인 진보당의 조봉암을 견제하기 위해 진보당을 해체하고, 조봉암에게 간첩 혐의를 씌워 사형시켰다.
⑤ 박정희 정부 때 과도한 입시 제도의 폐해를 개선하기 위해 중학교 입시 제도를 폐지하고 추첨 제도를 실시하였다.

➕ 해품사의 출제 저격
한능검에서 김영삼 정부를 출제할 경우, 경제 협력 개발 기구(OECD) 가입, 국제 통화 기금(IMF) 외환 위기 발생, 금융 실명제 실시를 언급할 가능성이 높습니다. 특히 김영삼 정부와 관련된 키워드는 대체로 영어가 포함될 가능성이 높습니다.

48. 정답 ④

문제 키워드 추출
☑ 대통령의 계속 재임은 3기에 한함, 통일 주체 국민 회의, 대통령의 임기는 6년으로 함, 대통령은 국회를 해산할 수 있음

(가) 3선 개헌(현대, 박정희 정부, 1969): 제6차 개헌으로 대통령의 연임 횟수를 3회로 제한함

(나) 유신 헌법(현대, 박정희 정부, 1972): 제7차 개헌, 대통령을 선출하는 기구인 통일 주체 국민 회의를 만들고 대통령의 임기를 6년으로 하며 대통령의 국회 해산 권한을 인정한 헌법

문제에서 3선 개헌과 유신 헌법이 언급되었기 때문에, 유신 헌법 발표 이후 유신 헌법의 철폐를 주장한 민주화 운동 관련 사례가 언급된 ④번 선지가 정답입니다!

선지분석
① 제헌 국회는 대통령 간선제 및 임기 4년을 규정한 제헌 헌법을 제정하였다.
② 발췌 개헌(제1차 개헌)은 6·25 전쟁 중인 1952년에 부산에서 공포된 우리나라의 첫 개헌 사례이다.
③ 6월 민주 항쟁의 결과 5년 단임의 대통령 직선제를 규정한 제9차 개헌이 이루어졌다.
④ 박정희 정부 때 유신 헌법 체제에 반대하는 정치인, 종교인 등은 3·1 민주 구국 선언을 발표하였다.
⑤ 사사오입 개헌(제2차 개헌)의 결과 초대 대통령에 한해 중임 제한이 철폐되었다.

➕ 해품사의 출제 저격
현대의 개헌 유형은 이승만 정부부터 전두환 정부 시기까지 총 아홉 차례의 개헌과 관련된 사실 및 흐름을 파악할 필요가 있기 때문에 상당히 난도가 높은 편입니다. 특히 이 유형은 특정 개헌과 관련된 헌법의 원문을 제시할 수 있기 때문에, 각 개헌의 특징을 정확히 알아야 쉽게 정답에 접근할 수 있습니다.

49. 정답 ④

문제 키워드 추출
☑ 박종철, 6·10 국민 대회

문제에서 6월 민주 항쟁과 관련된 대표적인 열사인 박종철과 6월 민주 항쟁의 대표적인 대회인 박종철 고문 은폐 조작 규탄 및 호헌 철폐 주장 등을 구호로 한 6·10 국민 대회 힌트를 제시하였습니다. 따라서 6월 민주 항쟁 당시의 대표적인 구호가 언급된 ④번 선지가 정답입니다!

선지분석
① 부·마 민주 항쟁은 유신 체제의 여러 문제에 대한 불만이 폭발한 민주화 운동인 동시에 **박정희 정권의 붕괴가 촉진**되는 직접적인 사건으로 평가받는다.
② 이승만 정부 때 발생한 4·19 혁명의 결과 이승만 정부가 하야하였고, 허정 과도 정부에서 발표한 제3차 개헌의 결과 **의원 내각제를 중심으로 선출**된 장면 내각이 출범하였다.
③ 박정희 정부 때 굴욕적인 한일 국교 정상화에 반대하는 6·3 시위가 전개되었다.
④ **6월 민주 항쟁**은 대통령 직선제 개헌의 요구를 **거부**하는 4·13 호헌 조치에 반발하여 발생한 민주화 운동이다.
⑤ 5·18 광주 민주화 운동은 전두환의 신군부가 **발표한 비상계엄과 무력 진압에 저항**한 민주화 운동이다.

➕ **해품사의 출제 저격**
현대의 민주화 운동 유형은 각 민주화 운동이 발생한 시기의 정부, 배경, 전개, 영향과 관련된 키워드 구별이 중요합니다. 특히 **6월 민주 항쟁**의 경우 다른 민주화 운동에 비해 대표적인 열사 관련 인물 키워드가 언급될 가능성이 높습니다.

50. 정답 ①

문제 키워드 추출
☑ 한중 수교

문제에서 노태우 정부 때 중국을 비롯한 소련, 헝가리 등 사회주의 국가들과 국교를 수립한 한중 수교를 언급하였으므로, 노태우 정부 때 시행된 대표적인 통일 노력 사례인 ①번 선지가 정답입니다!

선지분석
① **노태우 정부** 때 남북한이 각각 독립된 국가로 유엔에 동시 가입하였다.
② 김대중 정부 때 개성 공단 설치의 합의와 건설의 착수가 이루어졌으며, 노무현 정부 때 개성 공단 착공을 본격화하였다.
③ 노무현 정부는 제2차 남북 정상 회담 개최 이후 10·4 남북 공동 선언을 채택하였다.
④ 박정희 정부 때 7·4 남북 공동 성명의 협의 사항의 추진 및 남북 관계의 개선 및 발전을 위한 목적으로 남북 조절 위원회를 설치하였다.
⑤ 전두환 정부 때 남북 교류 사업의 일환으로 남북 이산가족 고향 방문단의 교환을 최초로 실현하였다.

➕ **해품사의 출제 저격**
노태우 정부의 통일 교류는 기본적으로 민족 자존과 통일 번영을 위한 7·7 선언 이후에 본격화되었습니다. 특히 **노태우 정부의 통일 노력** 사례 관련 키워드를 쉽게 암기하기 위해 'UN은 기본적으로 비핵화를 좋아한다(UN 동시 가입-남북 기본 합의서-한반도 비핵화 공동 선언)'를 암기하는 것을 권장합니다.

시대에듀의 합격력 끌어올림# 브랜드입니다.

기분좋은 한국사능력검정시험 [심화1·2·3급]
75회 저격 모의고사
[해품사 적중 키워드 50 + 모의고사 해설강의]

초 판 인 쇄	2025년 06월 17일
초 판 발 행	2025년 06월 26일
발 행 인	박영일
출 판 책 임	이해욱
저 자	해품사
개 발 편 집	김기임·김선아·신지호·심재은
표 지 디 자 인	장미례
본 문 디 자 인	하한우·김보연
마 케 팅	박호진
발 행 처	㈜시대고시기획시대교육
출 판 등 록	제 10-1521호
주 소	서울시 마포구 큰우물로 75[도화동 성지빌딩]
전 화	1600-3600
홈 페 이 지	www.sdedu.co.kr

이 책은 저작권법의 보호를 받는 저작물이므로 무단 전재 및 복제, 배포를 금합니다.
파본은 구입하신 서점에서 교환해 드립니다.

뿌리 튼튼한 날개를 가지세요.
어떤 힘듦과 절망이 나를 통과해도
단단하게, 자유롭게.

#단단한마음 #할수있다

한국사능력검정시험 답안지

〈답안지 작성 시 유의 사항〉

1. 수험번호란에는 아래비의 숫자로 기재하고 해당란에 "●"와 같이 완전하게 표기하야야 합니다.
2. 답란에는 반드시 컴퓨터용 사인펜으로 표기하야야 합니다.
3. 답란에는 "●"와 같이 완전하게 표기하야야 하며, 바르지 못한 표기를 하였을 경우에는 불이익을 받을 수 있습니다.
   (잘못된 표기 예시 ◐ ○ ⊘ ⊗ ●)
4. 답안지에 낙서를 하거나 불필요한 표기를 하였을 경우 불이익을 받을 수 있습니다. (답안 예비 표기 금지)

성 명

수 험 번 호

감독관 확인(응시자는 표기하지 말 것)

결시자	부정행위 위치
감독관 서명	(서명 또는 날인)